U0512980

经济模型中的比较静态分析

孙燕铭 ◎ 编著

Comparative Static Analysis of Economic Models

上海人民出版社

本书出版获国家社会科学基金项目(22BJL135)资助。

前　言

作为一门经验科学，经济学使用理论模型来描述经济现象与过程。这些模型进而被用来得出经验上可验证的假说。比较静态分析为这些假说的验证提供了便利。本书对经济模型的基本思路与比较静态分析进行系统介绍，将比较静态分析的发展过程与数学方法由易到难、由简到繁的深化过程有机结合起来，通过一些经济分析例证，使读者能够深入浅出、规范系统地掌握理解经济模型中的比较静态分析方法，尤其是缓解学生在研究生阶段，由于深奥的数学推导而对经济理论问题研究的望而却步心态，使其体会现代经济学在研究复杂的现实世界时的美妙之处。

在本书中，读者可通过在由简到繁的模型中进行比较静态分析来逐渐形成经济建模和分析思路；通过基础技能的重复应用，获得比较静态分析的能力。

经济模型中的比较静态分析，是在宏观、微观经济模型及多变量函数偏导数处理能力的基础上，进一步结合具体经济问题研究情境的应用。本书按照数学分析循序渐进的顺序来组织，集成了经济模型、矩阵代数、微积分、可微分函数、经济学中的均衡分析等基础准备，以及优化问题的基本求解思路、包络定理、互易定理、原始—对偶分析等在经济模型中的应用，等等，共分为两篇、九章。

第一篇(第 1 章至第 4 章)主要介绍数理经济学的基本特点,经济模型的基本构成,经济学中均衡分析的思路以及必要的数学基础准备。

第二篇中,第 5 章是对于比较静态方法的讨论。通过一些简单的例子引出本章内容。给出隐函数定理,并讨论比较静态分析的基本思路。

第 6 章通过具有明确解决方法的模型来考察比较静态的特性。它们是比较静态问题最简单的类型。

第 7 章是对于一般函数模型的讨论。本章清晰地解释结果对于参数的依赖性,进一步加强对于模型的一般结构、隐函数定理的应用以及优化问题中二阶充分条件的理解。

第 8 章是针对参数化优化问题的比较静态分析。本章的一些理论采用了第 7 章的方法来证明。

第 9 章是原始—对偶分析。强化原始—对偶分析方法,对于优化问题的结果推论很有帮助。

本书重视经济模型建立的基本思路和数学方法在经济模型分析中的应用。当然,技术方法的掌握需要通过运用来实现。第 6—第 9 章最后的练习涵盖了技术方法的运用与章节中重点应用案例的分析,这些练习是学习过程中必不可少的部分,挑选出的练习答案附在书后。

本书的特色体现在以下几个方面:

第一,系统性与开创性。本书系统地介绍比较静态分析的理论基础,通过系统化的数学推导和逻辑严密的论证,定义和解析如何在外生变量变化时,分析内生变量的均衡变化。同时,本书为经济学的教育和研究提供丰富的内容,不仅适合作为高级经济学课程的教材,还为社会科学领域的学者们提供了深入理解和应用比较静态分析的理论基础和实践指南。

第二,逻辑完整,重点突出。对经济模型方法与比较静态分析进行系统介绍,将比较静态分析的发展过程与数学方法由易到难、由简到繁的深化过程有机结合起来。

第三,力求做到对数学语言的表达通俗易懂,引人入胜。通过经济分析例证,使学生能够深入浅出、系统完整地掌握和理解经济模型中的比较静态分析方法体会数理经济学的美妙。

第四,承上启下,贯通本硕博学术研究训练。在大部分综合性高校的经济学、经济地理学等相关专业,到了研究生阶段或在从事学术研究过程中,都面临经济学建模的课题,以及以比较静态分析为基础的数理推导方法的学习和训练。本书在系统介绍经济学模型如何借助数学方法和技术进行推演的基础上,使用浅显易懂的语言和符号将模型背后的思想表达出来,使学生加快熟悉和掌握经济模型推导的思维方法,同时引导学生利用经济学的数理演绎来分析现实经济问题。

本书在经济理论研究和实际应用中都具有重要价值,既适合希望深入理解比较静态分析方法和原理的学者、需要进行相关学术训练的研究生使用,也适合需要将其应用于经济政策分析研究的专业人士使用。

本书的编写和成稿源自我近些年来从事经济学相关课程教学过

程中的一些体会。我一直从事经济地理学领域的教学科研工作，发现不少人文经济地理学的同学到了研究生阶段，对于经济学建模、模型分析的基本思路和方法需要必要的知识储备、一定的基本功训练及更为系统的认识，从而帮助其在经济地理学、区域经济学理论问题方面进行更规范深入的研究。因此，我产生了编写本书的想法，对经济模型方法与比较静态分析进行系统介绍。后续，考虑在本书基础上，进一步纳入动态优化理论，并通过资源环境经济、最优增长理论、新经济地理学的核心—边缘模型、集聚与增长整合模型等的系列案例来介绍其如何应用在区域经济学和经济地理学分析中。

在本书编写过程中，我得到了多方面的支持和推动，在此致以谢意。我的区域绿色创新发展研究小组支持了各阶段的工作，他们的努力在全书成稿和出版过程中有着不可替代的作用。感谢华东师范大学硕士研究生张智鸿，他承担了大量的英文文献翻译、图形绘制及部分章节的校对修订等工作；感谢硕士研究生徐立宇的协助，他承担了部分图形的绘制工作。此外，我还要特别感谢上海人民出版社马瑞瑞老师在本书完成和出版过程中的推动与帮助。

还应特别指出的是，华东师范大学中国现代城市研究中心，华东师范大学地理科学学院、全球创新与发展研究院等为本书出版提供了有力保障，在此表示感谢。感谢国家发展和改革委员会沈继楼博士、中国人民大学国民经济管理系林晨教授对于本书出版的持续鼓励和推动，尽管在忙碌工作中编写进度曾一度拖延，他们仍然不断叮嘱和鼓励，推动本书的成稿，为编写本书提供了持续动力。同时，还要特别感谢我在美国俄克拉荷马州立大学的博士导师 Kevin Currier

教授，他是数理经济学领域的权威学者，他治学严谨，每一步推导、每一幅图示都清晰、规范。正是在他的数理经济学课堂上，我感受到了数学这个强有力的工具在经济学殿堂中的魅力。最后，也感谢本书集中成稿的日子里，我背着电脑在上海图书馆度过的每一天。

本书的出版得到了国家社会科学基金一般项目“区域间主要污染物的规制溢出效应与最有联合治理路径研究”(22BJL135)的资助，是该项目的阶段性成果。对此深表谢意！

孙燕铭

2025 年 4 月

目　录

第二篇　比较静态分析

第一篇　经济模型基础

第 1 章　数理经济学的基本认识

数理经济学是一种重要的经济分析方法，是经济学家利用数学符号描述经济问题，运用已知的数学定理进行推理的一种基本方法。就分析的具体对象而言，它可以是微观或宏观经济理论，也可以是公共财政、区域经济学、城市经济学、产业经济学，或者其他经济学科。

在著名经济学家蒋中一先生(Alpha C. Chiang)看来，从更广泛的意义上，我们甚至可以将现在的任何一本初级经济学教程称为数理经济学，因为它们经常运用几何学方法推导理论结果。然而，数理经济学的方法不仅涵盖简单的几何学方法，还运用微积分、微分方程、差分方程、矩阵代数等数学工具来描述经济问题。本书的目的就是向读者介绍数理经济学中最重要的一类方法——比较静态分析的基本内容。这些内容是在现代经济学文献中经常用到的。

1.1　数理经济学的基本特点

大部分的理论分析，不管运用何种方法，其目的往往是从一些给定的假设或公理出发，通过推理过程得出一组结论或定理。数理经济学与一般的文字推理过程的主要区别在于：首先，数理经济学使用数学符号而非文字，使用方程而非语句来描述假设和结论；其次，它运用大量的可供引用的数学定理而非文字逻辑进行推理。因为符号和文字表述本质上是相同的(符号通常以文字来定义说明其涵义),所以,选择哪一种方式来表述并无本质差别。然而,数学符号更便于演绎、推理,为理论的抽象提供了便利,使表述的过程更加言简意赅。

另外,选择文字逻辑和数学逻辑虽然并无实质差别,但运用数学推理的主要优势在于,它可以促使研究者在推理的每一阶段都作出明确的假设。这是因为数学定理通常是按"如果—那么"形式进行陈述的,所以,为了导出定理的结论,也就是"那么"部分,研究者必须确保"如果"(条件)部分与其所采纳的明晰假设相一致。

可能仍然会有这样的疑问:采用几何学以外的方法真的有必要吗?这个问题在初学经济学时较为普遍。其实几何分析最重要的优点就是直观性强,但它往往受到严格的维数限制。例如,在无差异曲线的一般图形讨论时,标准的假设是消费者仅能得到两种商品。大家想过为何采用这种简化的假设吗?其实并非出于自愿,也是不得已而为之。因为绘制三维空间的几何图形较为困难,要绘制出四维(或更多维)空间的几何图形就更加困难了。要研究3种、4种或n种商品等更为一般的情况,我们必须寻求更为灵活的工具——方程。这就是我们采用几何分析以外的更多数学方法的一个重要原因。

简而言之,数学方法具有如下优点:(1)所运用的"数学语言"更为简练、精确;(2)有大量的数学定理可为我们的经济问题分析所用;(3)它迫使我们明晰地陈述所有假设,明确运用数学定理的先决条件,防止我们不自觉地采用模糊的或不明确的假设前提;(4)使我们能够处理 n 个变量的更一般的情况。

与这些优点相对照，我们也常常能听到这种批评：以数学推导出的理论必然是不现实的。然而这类批评并没有切中要害。事实上，“不现实的”这种说法甚至也不能用于批评一般的经济理论，无论其所运用的方法是数理的还是非数理的（蒋中一等，2006）。从本质上来说，理论是对现实世界的抽象，是一种找出最重要的因素和联系，从而使我们对所关注问题的核心和本质展开研究的手段。它能使我们免于陷入现实世界中确实存在的种种复杂性而难以自拔。类似地，把任何一种探讨理论的方法都视为是“不现实的”方法并没有太大意义（Chiang，1984）。例如，完全竞争的市场理论与不完全竞争的市场理论一样，都是不完全符合现实的，但这些理论是否用数学推导，与此无关，也并不重要。

数学工具为我们的研究带来了很大便利，这是一笔宝贵的财富，为了获取这笔财富，我们首先要掌握这些工具。经济学家感兴趣的数学工具散落在我们学习的许多数学课程中，太多了。对于一些具有与经济学学科交融特征的专业来说，比如经济地理学、人文地理学、城乡规划学等，学生的学习计划往往不能完全涵盖这些数学课程。本书的目的就是将经济学文献中最重要的一类数学方法系统汇聚到一处，按逻辑顺序将它的分析和使用呈现出来，完整地解释这类方法，并阐述其如何应用于经济问题分析。由于试图将方法与其应用联系起来，数学与经济学的相关性也被阐述得更加清楚。这与一般的数学课程不同，在一般的数学课程中，数学方法的应用往往是用物理学和工程学的例子来阐述的。

熟悉本书的内容（辅之以动态优化分析的参考书籍），读者至少能够阅读和了解下列经济学期刊中的大部分专业论文的基本分析思路:《美国经济评论》(*American Economic Review*)、《经济学季刊》(*Quarterly Journal of Economics*)、《政治经济学杂志》(*Journal of Political Economy*)、《经济学与统计学评论》(*Review of Economics and Statistics*)以及《经济学杂志》(*Economic Journal*)等。学习了本书内容之后,对数理经济学产生更大兴趣的读者可以通过严格的数学训练,进行初步的数理经济模型分析。

1.2 数理经济学与计量经济学

"数理经济学"这一专业术语有时常与另一个与其相关的专业术语"计量经济学"相混淆。正如"计量"所表明的那样,计量经济学主要与经济数据的度量和分析有关,它运用估计和假设检验这些统计学方法进行经验观测的实证研究。而数理经济学则是把数学应用于经济理论的分析方面,基本不涉及诸如所研究的变量的度量误差这类统计学问题。

本书主要介绍数理经济学研究方法中的比较静态分析,主要集中于将数学应用于演绎推理而非归纳研究,因而,我们将着重于进行理论研究而非经验研究分析。当然,这仅仅是一个研究范畴的选择问题,并不意味着计量经济学没有数理经济学重要。

实际上,经验研究和理论分析是相辅相成、相互促进的。一方面,理论在有把握地应用之前,必须通过经验数据对其有效性进行检验。另一方面,要确定关系最为密切和最富有成效的研究方向,统计工作也必须有理论作为依据和指南。

从某种意义上说，数理经济学在经济理论研究中更具基础性。因为要进行有价值的统计、计量经济等的实证研究，一个好的、严整的理论框架是必不可少的，而理论框架最好以数学表达式的形式呈现。所以，本书的内容不仅对热衷于理论经济学的学习者有所帮助，还对那些研究应用经济学，如计量经济学、区域经济学、经济地理学等，而又缺乏数理分析基础的读者极有价值。

第 2 章　经济模型

如前所述，经济理论是对现实世界的必要抽象。由于现实经济的极端复杂性，我们不可能一下子理解其全部内在联系；同时，这些复杂的内部关系对于理解我们所研究的特殊经济现象，也并不总是具有关键作用。因此，合理的研究过程应当是：根据我们的研究目标，选择与研究问题相关的基本因素和基本关系，然后把研究集中于这些因素和它们之间的关系上。这种精心简化的分析结构被称作*经济模型*，因为它是现实经济的结构性的简略呈现。

2.1　经济模型的构成

经济模型提供了一种理论框架，并不是必须采用数学形式来表达。当采用数学模型进行经济模型构建时，它通常包括一组用以描述模型结构的方程。这些方程以某种方式把一定数量的变量联系在一起，并给出所采用的一组假设条件的数学表达形式。通过对这些方程进行相应的数学计算，我们便可以推导出一系列在逻辑上符合这些假设的结论。

关于变量、常数和参数

*变量*是大小可以变化的量，即可以取不同值的量。经济学中经

常使用的变量包括价格、利润、收益、成本、国民收入、消费、投资、进口、出口等。因为这些变量可以取不同的值,所以必须用一个符号而不是特定的数字表示。例如,我们可以用 P 表示价格,以 π 表示利润,以 R 表示收益,以 C 表示成本,以 Y 表示国民收入,等等。但是当我们写出 $P=3$ 或 $C=18$ 时(选择适当单位),我们就把这些变量"固定"在这些具体的数值上。

通过***求解***一个合理构建的经济模型,我们可以得到一组变量的***解值***,如市场出清时的价格水平、利润最大化时的产出水平等。其解值可以通过模型求出的变量,就称为***内生变量***(源于模型内部)。但模型中也包含一些由模型外部因素所决定的变量,其大小被视为给定的数据,这样的变量被称为***外生变量***(源于模型之外)。需要指出的是,一个模型中的内生变量可能是另一个模型的外生变量。例如,在分析小麦市场价格(P)的决定时,变量 P 无疑是内生的;但在消费者支出理论的分析框架内,P 对于一些消费者而言是一个常数,因此被视为外生的。

变量常常与固定的值或常数一起出现,例如表达式 $7P$ 或 $0.5R$。常数是一个大小不变的值,所以它恰好与变量的概念相反。当一个常数与一个变量结合在一起时,我们将该常数称作该变量的系数。系数也可以是符号而非数字。例如,为了获得更广泛的一般性,在模型中我们可以用 a 代表给定常数,以表达式 aP 代表 $7P$。这个符号 a 极为特殊,我们假定它表示一个给定的常数,但由于未赋予它具体的数值,它实际上可以取任意值。简而言之,它是一个可变的常数。为便于识别其特殊身份,我们将其明确命名为***参常数***(简称为***参数***)。

需要特别注意的是，尽管参数可以取不同的值，但在模型中仍然要将其视为已知数。正是由于这个原因，即使常数是一个参数，人们还是称其为“常数”。在这方面，参数与外生变量极为相似，因为二者在模型中均被视为“给定值”。这可以解释为什么许多研究者为简便起见，将二者都用一个术语“参数”来表示。

习惯上，参常数通常以字母 a、b、c，或者相应的希腊字母 α、β、γ 表示，也可以使用其他符号表示。至于外生变量，为将其与内生变量区别开来，我们常常对选定的符号加下标 0 来表示。例如 P 表示价格，那么 P_0 表示外生的、既定的价格。

方程和恒等式

变量固然可以独立存在，但只有通过方程或不等式将其联系起来才具有实际意义。在经济学的应用中，我们需要区别三种类型的方程，即定义方程、行为方程和均衡条件。

定义方程是在两个具有完全相同含义的不同表达式之间建立恒等式。对于这类方程，我们通常用恒等符号“$\equiv$”(即“恒等于”)代替通常的等号“=”，尽管后者也是可以接受的。比如，总利润被定义为总收益与总成本之差，可以写成：$\pi \equiv R-C$。

$$\pi \equiv M(y_1+y_2)-y_1^2$$

行为方程则规定了当其他变量变化时，某一变量相应的变化方式。例如，当国民收入变化时总消费模式的变化，又比如，厂商的总成本如何随着产出水平的变化而变化。从广义上讲，行为方程可以

用于描述一般的制度性模型，包括技术方面（如生产函数）的模型，也包括政策方面的模型（如税收结构）。但在写出行为方程之前，必须对所研究变量的行为模式作出明确的假设。考察以下两个成本函数：

$$C=75+10Q \tag{1}$$

$$C=110+Q^2 \tag{2}$$

其中 Q 表示产量。由于两个方程具有不同的形式，所以每个方程所假设的生产条件必然与另一个方程有明显区别。在(1)式中，固定成本为 75（当 $Q=0$ 时的 C 值），而(2)式中则为 110。成本的变化也不同。在(1)式中，产量 Q 每增加 1 个单位，C 固定增加 10 单位。而在(2)式中，当 Q 一个单位一个单位增加时，C 的增加量越来越大。可以看出，正是通过对行为方程式的设定，我们才给出模型所采纳假设的数学表达式。

第三类方程是***均衡条件***，只有当建立的模型包含均衡这一概念时才会涉及。如果模型中包含这个概念，则均衡条件就是描述实现均衡的前提条件的方程。经济学中，大家最为熟悉的两个前提条件是：

$$Q_d=Q_s\text{［需求量＝供给量］}$$

和

$$S=I\text{［储蓄＝投资］}$$

它们分别与市场均衡模型和最简单的两部门国民收入均衡模型有关。类似地，优化模型则推导或应用了一个或更多的优化条件，大家很容易想到的一个例子就是厂商理论中：$MC=MR$［边际成本＝边际收益]。由于这类方程既非定义方程，也非行为方程，所以它们属于单独的一类方程。

2.2 关系与函数

我们可以运用“有序偶”集合这一术语（下面将定义），引出关系和函数的重要概念。

在写出集合$\{a, b\}$时，根据定义$\{a, b\}=\{b, a\}$，我们并不关注元素a、b出现的顺序。在此情况下，这对元素a和b是***无序偶***。但是当a和b的顺序具有重要意义时，我们可以写出两对不同的***有序偶***，以(a, b)和(b, a)表示，且具有$(a, b)\neq(b, a)$的性质，除非$a=b$。类似的概念还可以应用于两个以上元素的集合，在此情况下我们可以区分有序三元组和无序三元组，有序四元组和无序四元组，有序五元组和无序五元组，等等。有序偶、有序三元组等统称为***有序集合***。

例1 集合$\{(x, y)\mid y=2x\}$是一个有序偶集合，比如它包括$(1, 2)$，$(0, 0)$和$(-1, -2)$。这个集合包含一种关系，其对应的图形部分是图2.1中的直线$y=2x$上的点的集合。

例2 集合$\{(x, y)\mid y\leqslant x\}$，包含如$(1, 0)$，$(1, 1)$，$(1, -4)$这样的有序偶，它构成了另一种关系。在图2.1中，这个集合对应于满足不等式$y\leqslant x$的阴影面积的所有点的集合。

当x值给定时，未必一定总能从某种关系中确定唯一的y值。在例2中，三个作为例子的有序偶表明，若$x=1$，则y可以取n个不同的值，如0，1或-4，且满足给定的关系。从图形上看，满足这一关系的两个或多个点可能落在xy平面中的一条垂线上。图2.1可以说明这一点。图中阴影区域(表示关系$y\leqslant x$)中的许多点落在标有$x=a$的一条垂直虚线上。

然而，作为一个特例，一种变量之间的关系可以使得给定的x值仅存在一个对应的y值，例1就是这种情况，称y为x的一个函数，用$y=f(x)$表示，读作"y是x的函数f"[注意：$f(x)$并不意味着f乘以x]。因此，一个函数是具有这种性质的有序偶集合，即x值唯一地确定一个y值。显然，一个函数就代表着一种关系，但一种关系未必是一个函数。

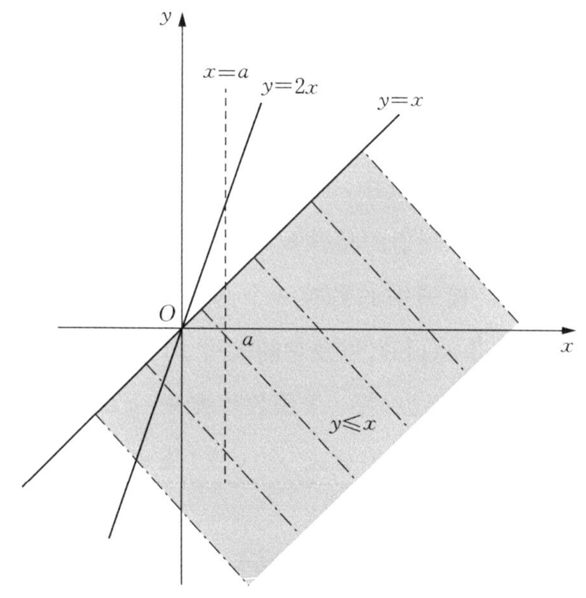

图2.1

尽管函数的定义规定对于每一个x值有一个唯一的y值，但并不要求反之也成立,换句话说,多个 x 值可与同一个 y 值相联系。图 2.2 描述了这种可能性。图中根据函数 $y=f(x)$,集合 x 中的 x_1 和 x_2 均与集合 y 中的同一值(y_0)相联系。

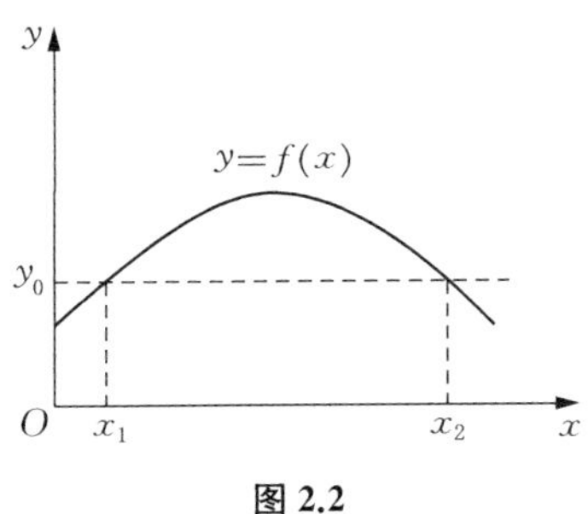

图 2.2

函数也称映射或变换,二者均意味着将一对象与另一对象联系起来的行动。表达式 $y=f(x)$中的函数符号 f 则可以解释成一种规则,即依据此规则,集合 x 被“映射”(或变换)到集合 y。因此,我们可以写成:$f: x \rightarrow y$。其中,箭头表示映射,字母 f 表示映射遵循的规则。因为 f 表示映射的特殊规则,所以必须用不同的函数符号去表示出现在同一模型中的另外一个函数。习惯使用的符号还有 g、F、G、希腊字母 ϕ(phi),以及它的大写 Φ,等等。例如,两个变量 y 和 z 可能都是 x 的函数,若一个函数写成 $y=f(x)$,另一个则应写成 $z=g(x)$或 $z=\phi(x)$。但写成 $y=y(x)$及 $z=z(x)$也是可以的,这样就省略了符号 f 和 g。

在函数 $y=f(x)$中,x 被称为函数的自变量,y 则被称为函数值。我们还可以把 x 称作自变量,把 y 称作因变量。在给定的范围内,x 能够取的所有值的集合称作***函数的定义域***,它可能是所有实数集合的一个子集。x 所映射的 y 值称作 x 值的象。所有象的集合称作函数的值域，它是变量 y 可以取的所有值的集合。所以，定义域与自变量 x 相联系，值域则与因变量 y 相联系。

如图 2.3(a)所示，我们可以将函数 f 视为一个映射规则，它将某线段(定义域)上的每一点映射到另一线段(值域)上的某点。如图 2.3(b)所示，将定义域置于 x 轴上，将值域置于 y 轴上，我们就得到熟悉的二维图形，在此图形中，x 值与 y 值的关系是由诸如(x_1, y_1)和(x_2, y_2)等有序偶集合规定的。

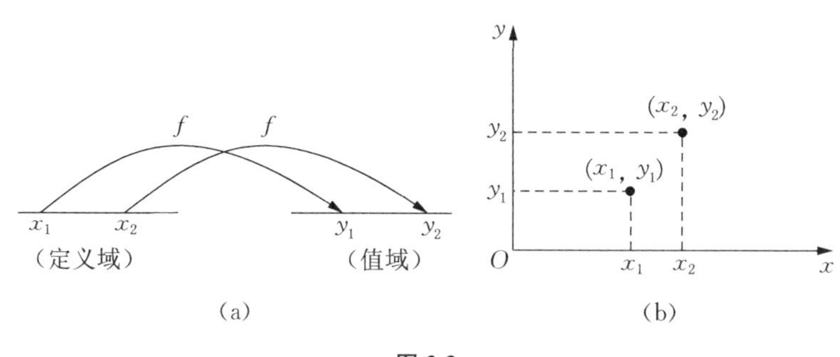

图 2.3

在经济模型中，行为方程通常以函数形式引入。由于经济模型中的大多数变量是具有实际经济意义的，一般取非负实数，所以其定义域也受到同样的限制。这就是为什么大多数经济模型的几何图示仅画第一象限的原因。所以，一般来说，我们不需为每一经济模型的每个函数设定定义域而伤脑筋。当没有特别说明时，我们将定义域和值域理解为仅包括使函数具有经济意义的那些数值。

例 3　企业每日的总成本 C 为其日产出 Q 的函数：$C=150+$

$7Q$。该企业日最大产出为 100 单位。那么,成本函数的定义域和值域分别是什么?

因为 Q 可以在 0 与 100 之间变化,所以定义域为集合 $0 \leqslant Q \leqslant 100$,或更正式地,定义域 $=\{Q \mid 0 \leqslant Q \leqslant 100\}$。

至于值域,因函数的图形为一条直线,C 的最小值为 150(当 $Q=0$ 时),最大值为 850(当 $Q=100$ 时),所以我们有值域 $=\{C \mid 150 \leqslant C \leqslant 850\}$。但要注意,值域的最大值未必总是在定义域的最大值时达到。

2.3 函数的类型

表达式 $y=f(x)$ 是一个一般描述,它表明存在映射的可能,但并不明确映射的实际规则。下面我们考察几种特定的函数类型,每种类型均代表不同的映射规则。

常值函数

值域仅有一个元素的函数,称作常值函数。我们拿出一个函数作为例子:

$$y=f(x)=7,$$

也可将其表示成 $y=7$ 或 $f(x)=7$,无论 x 取何值,函数值始终为 7。在坐标平面上,这样的函数表现为一条水平线。在国民收入模型中,当投资(I)为外生决定的,我们可以有下述形式的投资函数:$I=1$ 亿美元,或 $I=I_0$,它是常值函数的例子。

多项式函数

常值函数实际上是我们所说的多项式函数的一种"退化"。具有一个变量 x 的多项式的一般形式为：

$$y=a_0+a_1x+a_2x^2+\cdots+a_nx^n \tag{3}$$

其中每一项均包含一个系数和变量 x 的一个非负整数幂(一般我们可以写成 $x^1=x$，$x^0=1$,所以上式前两项可以分别写成 a_0x^0 和 a_1x^1)。注意,这里使用标有下标的符号 a_0，a_1，a_2，…，a_n,而不用符号 a，b，c，…来表示系数,主要基于两方面的考虑:(1)可以节约符号,因为以此方式表示,仅有一个符号 a 就够用了;(2)下标可以帮助我们确定一个特定系数在整个方程中的位置,如在(3)式中,a_2 是 x^2 的系数,等等。

依赖于整数 n 的值(它设定了 x 的最高幂数),我们可以有以下几种多项式函数的子类别:

当 $n=0$ 时,$y=a_0$；　　[常值函数]

当 $n=1$ 时,$y=a_0+a_1x$；　　[线性函数]

当 $n=2$ 时,$y=a_0+a_1x+a_2x^2$；　　[二次函数]

当 $n=3$ 时,$y=a_0+a_1x+a_2x^2+a_3x^3$。　　[三次函数]

x 的幂次的上标值称为指数。函数的最高幂次,即 n 值,被称作多项式函数的次数,比如,二次函数称作二次多项式,三次函数称作三次多项式等。等号右边的各项的排列顺序是无关紧要的,也可以将其降幂排列。尽管方程左边我们运用符号 y,但也可以用 $f(x)$来代替。

如图 2.4(a)所示,在直角坐标平面内,线性函数是一条直线。当

$x=0$ 时，线性函数得出 $y=a_0$，有序偶$(0,\ a_0)$位于这条直线上，这样我们得到所谓的"y 轴截距"(或纵轴截距)，因为它是纵轴与该直线的交点。另一个系数 a_1，用于测度直线的斜率(倾斜的程度)。这意味着 x 每增加 1 单位，将会导致 y 增加 a_1 单位。图 2.4(a)所描述的是$a_1>0$ 的情况，斜率为正，因此是一条向上倾斜的直线；若 $a_1<0$，则直线向下方倾斜。

此外，二次函数的图形为抛物线，或粗略地讲，其是一条内部只有一个转折或弯曲的曲线。图 2.4(b)所描述的特定情况中，a_2 为负；当 $a_2>0$ 时，曲线向另一方向张开，状似山谷，而非山峰。三次函数的图形如图 2.4(c)所示，一般会出现两次弯曲。这些函数在下面讨论的经济模型中会经常使用。

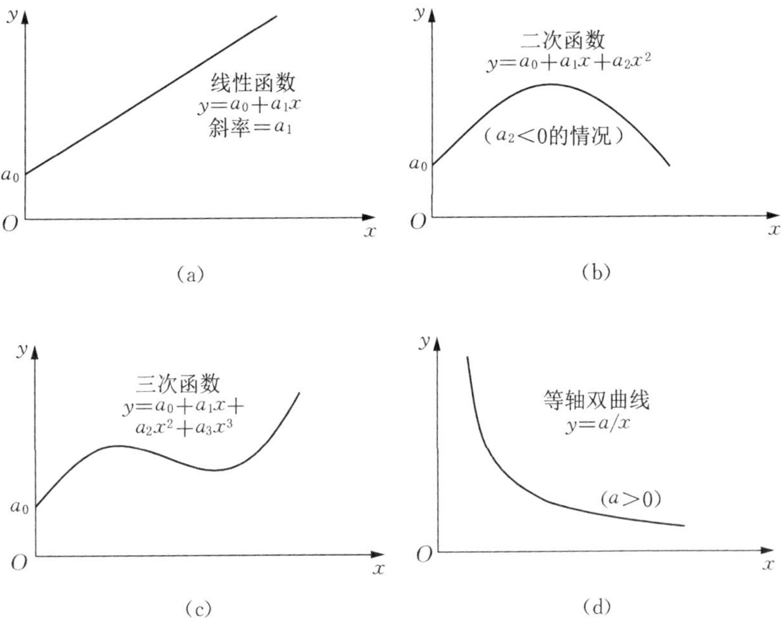

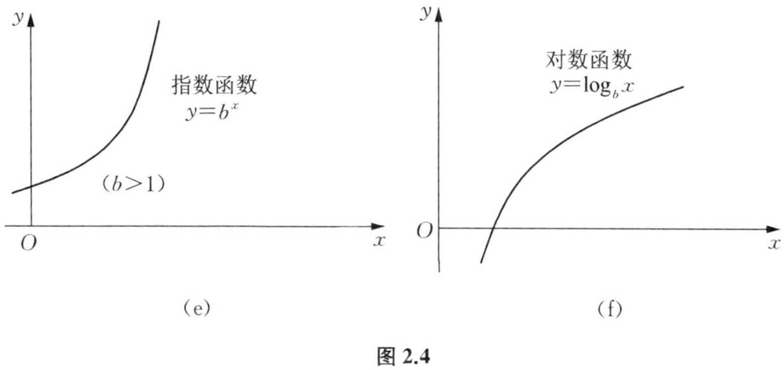

图 2.4

有理函数

在下面这样一个函数中：

$$y=\frac{x-1}{x^2+2x+4}$$

y 表示变量 x 的两个多项式的比率，称为有理函数，根据这一定义，任何多项式函数本身必定为有理函数，因为它总可以表示成该式与常值函数 1 之比。

在经济学中有一个特殊有理函数，其有着重要的应用：

$$y=\frac{a}{x} \quad 或 \quad xy=a,$$

如图 2.4(d)所示，绘出的图形是等轴双曲线。因为在此情况下，两个变量的积总是一个固定常数，该函数可以用于表示一种特定的需求曲线，即以价格 P 为纵轴，需求量 Q 为横轴，在所有价格水平上，总支出不变。这种需求曲线意味着在曲线上的每一点都有单位需求弹性。另一个应用是平均固定成本曲线(AFC)。令 AFC 为坐标系的一轴,产出 Q 为另一轴,AFC 曲线一定是条等轴双曲线,因为 $AFC \times Q$(=总固定成本)是一个固定常数。

等轴双曲线 $xy=a$ 即使无限向上和向右延伸,也不会与两轴相交。或者说,曲线将逐渐趋近于两轴:随着 y 的增大,曲线将越来越接近 y 轴,但实际上曲线永远不可能与之相交;对于 x 轴来说,也是同理。这两轴构成函数的渐近线。

非代数函数

任何以多项式以及(或者)多项式的根(如平方根)表示的函数,都是代数函数。因此,到目前为止,我们所讨论的函数均为代数函数。

然而,像 $y=b^x$ 这样的指数函数,其自变量出现在指数上,称为非代数函数。与其密切相关的对数函数,如 $y=\log_b x$,也是非代数函数。这两类函数在特定的经济应用中扮演了特别的角色。在图 2.4(e)和图 2.4(f)中我们绘出其一般图形。其他类型的非代数函数还有三角函数,等等。此外,更为深奥的超越函数也是非代数函数。

2.4 具有两个或两个以上自变量的经济函数

迄今为止,我们仅考察了只有一个自变量的情况,$y=f(x)$。但函数的概念极易推广到具有两个及两个以上自变量的情况。给定函数:

$$z=g(x, y),$$

一对给定的 x 值和 y 值将唯一地确定一个因变量 z 的值。这样的函数例子有：

$$z=ax+by \quad \text{或} \quad z=a_0+a_1x+a_2x^2+b_1y+b_2y^2$$

函数 $y=f(x)$把定义域中的点映射到值域中的点，函数 g 也同样如此。但是这里的定义域不再是一个数集，而是有序偶(x, y)的集合，因为只有同时给定 x 和 y 值之后，才能确定 z 值。由此，函数 g 是从二维空间中的点到线段上的点（即一维空间上的点）的映射，如图 2.5(a)所示，从点(x_1, y_1)映射到点 z_1，从点(x_2, y_2)映射到点 z_2，等等。

如图 2.5(b)所示，如果作纵轴 z 垂直于 xy 平面，则产生一个三维空间。我们在这个三维空间中给出函数 g 的如下几何解释：函数的定义域是(x, y)平面上的点的某个子集，定义域中给定点，比如(x_1, y_1)的函数值（z 的值），由该点垂直线段的高度表示。三个变量之间的联系可通过一个有序三元组(x_1, y_1, z_1)来概括，它是三维空间中的一个特定的点。有序三元组的轨迹是一个曲面，构成了函数 g 的图形。函数 $y=f(x)$是一个有序偶的集合，而函数 $z=g(x, y)$是一个有序三元组的集合。在经济模型中，这类函数我们将经常用到。一个常见的应用是在生产函数领域。假设产量由资本(K)和劳动(L)的数量决定，则我们可以将生产函数的一般形式写成：$Q=Q(K, L)$。

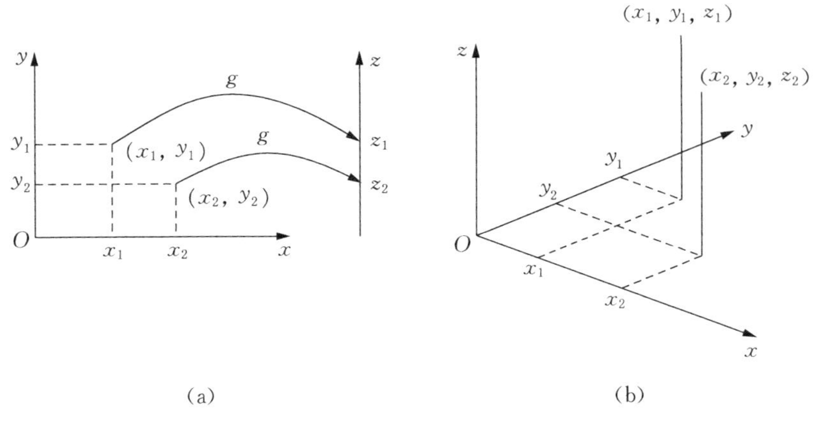

图 2.5

进一步将函数推广到三个或多个自变量的可能性是不言自明的。例如，对于函数 $y=h(u, v, w)$，我们可以将三维空间中的点 (u_1, v_1, w_1) 映射到一维空间的点 y_1 上，这样的函数可以用于表示消费者效用函数，即消费者的效用是其消费的三种不同商品的函数，其映射是从三维商品空间到一维效用空间。但此时不可能画出函数的图形，因为画出四维图形要画出有序四元组，而我们生活的这个世界是三维的。无论如何，凭借直观的几何推理，我们仍可以将有序四元组 (u_1, v_1, w_1, y_1) 视为四维空间中的一个点。这些点的轨迹给出函数 $y=h(u, v, w)$ 的图形（不能画出），称为超平面。这些术语，即点和超平面，还可以推广到 n 维空间的一般情况。

具有一个以上自变量的函数也可以分成不同类型，比如，$y=a_1x_1+a_2x_2+\cdots+a_nx_n$ 这个函数是线性函数，其特点是每一个自变量均为一次幂。而二次函数则包含一个或多个自变量的一次幂和二次幂,但任何一项的变量的指数和不能超过 2。

注意,通常不用 x, u, v, w 等表示自变量,而用符号 x_1, x_2, …, x_n 表示自变量。因为采用数字下标的形式,具有节省符号、易于计算函数中包含变量的数量等优点。

2.5　一般函数情况

在讨论各种类型的函数时,我们没有明确关注所介绍函数例子的一般情况,比如,$y=7$, $y=6x+4$, $y=x^2-3x+1$ 等。

这些函数不仅都以数字系数表示,而且也都具体指明了每个函数是常值函数、线性函数,还是二次函数。从图形看,每个这样的函数都给出了明确定义的唯一的曲线。鉴于这些函数的数值性质,以此为基础的模型的解也将以数值形式呈现。这些函数的缺点在于:如果我们想知道,当出现不同的数值系数集合时,分析结论会如何变化,则我们必须每次都重新进行推理过程。因而,从特定函数得到的结果缺乏一般性。

在更一般情况的讨论和分析中,有下列形式的函数:

$$y=a\text{, } y=a+bx\text{, } y=a+bx+cx^2\text{, }\cdots$$

在这些函数中,由于使用了参数,每个函数不是代表一条曲线,而是代表一族曲线。例如 $y=a$,不仅代表一些特定的情况,如 $y=0$, $y=1$ 及 $y=2$ 等,也表示 $y=\frac{1}{3}$, $y=-5$, …无穷尽的情况。运用参数函数,数学运算的结果也可以用参数表示,一定意义上,模型的结果更具有一般性。这样，赋予模型解中的参数以不同的值，不必再重复推理过程，就可以得到具体答案。

对于一般函数情况的描述，我们可以运用一般函数形式 $y=f(x)$或 $z=g(x, y)$。当运用这种形式时，函数就不再局限于线性函数、二次函数、指数函数或者三角函数。所有这些函数均可纳入一般函数概念的框架内。因此，基于这种一般表达式的分析结论更具一般性。然而，为了获得具有经济意义的结果，常常需要对纳入模型的一般函数加入一些限制，比如限定需求函数的斜率应当为负，消费函数具有小于 1 的正的斜率等。

总结本章的内容，我们清楚描述了数学经济模型的结构。一般而言，它由方程组构成，这些方程可能是定义方程、行为方程或者具有均衡条件性质的方程。行为方程通常以函数形式存在，函数可能是线性的或非线性的，可能是数值的或参数的，可能有一个自变量或多个自变量，等等。通过这些函数，模型所采纳的分析假设可以给出数学表达。

因此，分析问题的第一步是为模型选择合适的内生变量和外生变量。第二步，我们必须把所选定的关于模型情境中消费者、企业、组织、技术、制度以及其他有关方面行为的分析假设转化为方程式。这些情境因素影响着变量的变动。接下来，我们就可以通过相关的数学运算和分析，推导出一系列的结论，并给出合理的经济解释。

第 3 章　数学基础准备

为了方便后续分析，本章对于学习比较静态所需的基本数学概念和结论进行概述。本章并不是要综合详尽地阐述这些概念和主题，而仅仅是对它们进行简明的总结，以方便学习时参考。

3.1　可微分函数

如果函数 $y=f(x_1, \cdots, x_n)$在其定义域内的任何处都存在连续的一阶偏导数，那么我们将 f 称为 C^1。如果所有小于等于 K 阶的偏导数都存在，且它们自身是连续函数，则我们将 f 称为 C^K。

案例 3.1

对于 $n=1$ 这一情形，考虑函数 $y=f(x)=x^{8/3}$。由于 $f'''(x)$在 $x=0$ 时没有意义，故这个函数是一个 C^2 函数。

3.2　链式法则

假设 $y=f(x_1, \cdots, x_n)$是一个 C^1 函数，并假设每个 x 自身都是关于变量 a，b 的 C^1 函数，也就是：

$$x_1=x_1(a, b), \cdots, x_n=x_n(a, b)$$

则 $$\frac{\partial y}{\partial a}=f_1\frac{\partial x_1}{\partial a}+\cdots+f_n\frac{\partial x_n}{\partial a}$$

以及 $$\frac{\partial y}{\partial b}=f_1\frac{\partial x_1}{\partial b}+\cdots+f_n\frac{\partial x_n}{\partial b}$$

其中 $f_i=\partial f/\partial x_i$，$i=1,\cdots,n$。

案例 3.2

假设 $y=f(x_1,x_2)=x_1^2+x_1x_2$，其中 $x_1=a^2$，$x_2=a+b$。那么，使用链式法则，我们可以得到：

$$\begin{aligned}\frac{\partial y}{\partial a}&=(2x_1+x_2)(2a)+x_1(1)\\&=(2a^2+a+b)(2a)+a^2\\&=4a^3+3a^2+2ab\end{aligned}$$

以及$\frac{\partial y}{\partial b}=(2x_1+x_2)(0)+x_1(1)=a^2$。

可以注意到，如果直接将 $x_1=a^2$ 与 $x_2=a+b$ 代入 $x_1^2+x_1x_2$，我们可以得到 $y=a^4+a^3+a^2b$。

这样，计算$\partial y/\partial a$ 和$\partial y/\partial b$ 可以直接得到$\frac{\partial y}{\partial a}=4a^3+3a^2+2ab$ 和$\frac{\partial y}{\partial b}=a^2$，而这一结果也正和我们利用链式法则所得到的结果一致。

3.3 行列式

2×2 矩阵的行列式

$$A=\begin{vmatrix}a_{11} & a_{12}\\ a_{21} & a_{22}\end{vmatrix}$$

由 $|A|$ 表示，$|A|=a_{11}a_{22}-a_{12}a_{21}$。

$$3\times3\text{ 矩阵的行列式 }A=\begin{vmatrix} a_{11} & a_{12} & a_{13} \\ a_{21} & a_{22} & a_{23} \\ a_{31} & a_{32} & a_{33} \end{vmatrix}$$

即为：

$$a_{11}\begin{vmatrix} a_{22} & a_{23} \\ a_{32} & a_{33} \end{vmatrix}-a_{21}\begin{vmatrix} a_{12} & a_{13} \\ a_{32} & a_{33} \end{vmatrix}+a_{31}\begin{vmatrix} a_{12} & a_{13} \\ a_{22} & a_{23} \end{vmatrix}。$$

3.4 克莱默法则

考虑以下方程组：

$$a_{11}x_1+a_{12}x_2+a_{13}x_3=b_1$$
$$a_{21}x_1+a_{22}x_2+a_{23}x_3=b_2$$
$$a_{31}x_1+a_{32}x_2+a_{33}x_3=b_3。$$

当 $|A|=\begin{vmatrix} a_{11} & a_{12} & a_{13} \\ a_{21} & a_{22} & a_{23} \\ a_{31} & a_{32} & a_{33} \end{vmatrix}\neq0$ 时，这个三等式方程组的唯一解为：

$$x_1=\frac{\begin{vmatrix} b_1 & a_{12} & a_{13} \\ b_2 & a_{22} & a_{23} \\ b_3 & a_{32} & a_{33} \end{vmatrix}}{|A|},\ x_2=\frac{\begin{vmatrix} a_{11} & b_1 & a_{13} \\ a_{21} & b_2 & a_{23} \\ a_{31} & b_3 & a_{33} \end{vmatrix}}{|A|},\ x_3=\frac{\begin{vmatrix} a_{11} & a_{12} & b_1 \\ a_{21} & a_{22} & b_2 \\ a_{31} & a_{32} & b_3 \end{vmatrix}}{|A|}$$

3.5 优化问题，f: R→R

考虑如下函数 $y=f(x)$的曲线：

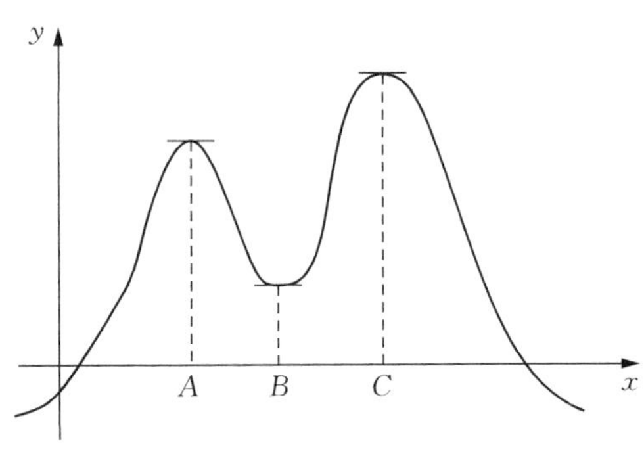

图 3.1

假设 f 为 C^2(这里我们将讨论限制在考虑 f 定义域内存在的最大值与最小值)。点 A，B，C 为**局部极值**。其中,A 点与 C 点是**局部极大值**,B 点则是**局部极小值**。注意这里每个点的切线斜率均为 0。函数 f 取到局部极大值或极小值的一个必要条件是 $f'(x)=0$。我们将 $f'(x)=0$ 的点称为**驻点**。如果在驻点 x^*，$f''(x^*)<0$,那么 x^* 就是一个局部极大值点。如果在驻点 x^*，$f''(x^*)>0$,那么 x^* 就是一个局部极小值点。注意,这些都是充分条件。

3.6 优化问题，f: R²→R

假设 $y=f(x_1, x_2)$是一个 C^2 函数。那么在(x_1^*, x_2^*)上取到

局部极大值或极小值的一个必要条件就是，在这一点上：

$$\frac{\partial f}{\partial x_1}=f_1=0,\ \frac{\partial f}{\partial x_2}=f_2=0。$$

这个条件意味着位于(x_1^*, x_2^*, y^*)的切平面是水平的。正如前文所述，任何满足 $f_1=f_2=0$ 的点都是**驻点**。为了区分局部极大值点与局部极小值点，建立二阶偏导的**黑塞矩阵(Hessian matrix)**：

$$H=\begin{bmatrix} f_{11} & f_{12} \\ f_{21} & f_{22} \end{bmatrix}。$$

如果在一个驻点上有 $f_{11}<0$, $|H|>0$，那么这个驻点就是一个局部极大值点，同时我们说这个黑塞矩阵是**负定的**。如果在这个驻点上，$f_{11}>0$, $|H|>0$，那么这个驻点就是一个局部极小值点，同时我们说这个黑塞矩阵是**正定的**。这些是相对于我们在第 3.5 节中讨论的单变量结果的更高维的相似形式。图 3.2 与图 3.3 分别绘制了一个双变量函数的局部极大值点与局部极小值点。

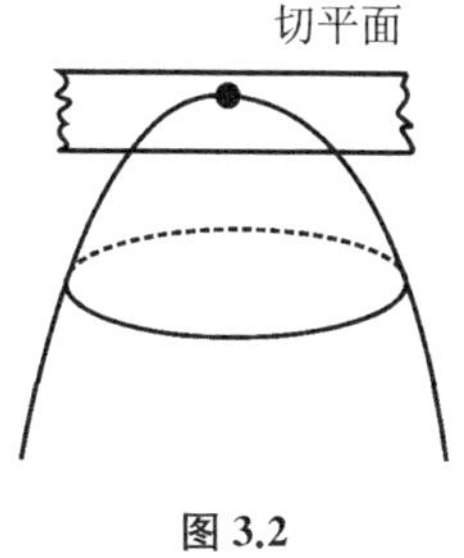

图 3.2

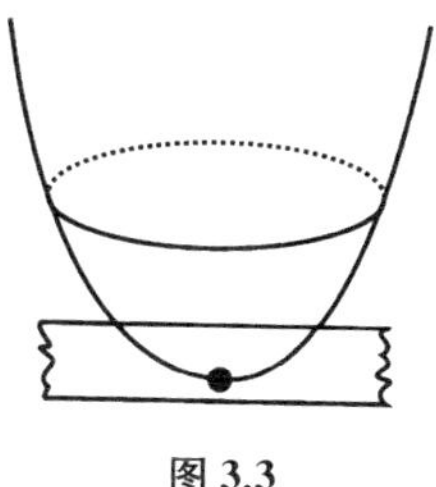

图 3.3

案例 3.3

考虑函数：

$$y=f(x_1, x_2)=10x_1+12x_2-x_1^2-6x_2^2$$

我们通过解方程 $f_1=10-2x_1=0$，$f_2=12-12x_2=0$ 得到函数 f 的唯一驻点为 $x_1=5$，$x_2=1$。注意 $H=\begin{bmatrix}-2 & 0\\ 0 & -12\end{bmatrix}$,得到 $-2=f_{11}<0$，$|H|=24>0$,确定了(5，1)为 f 的极大值点。在点(5，1)，这个函数的图像就如图 3.2 所示。

3.7 约束优化：两个变量，一个约束条件

当 f、g 为 C^2 时,考虑找到满足 $g(x_1, x_2)=0$ 约束条件下 $f(x_1, x_2)$的极值问题。函数 f 被称为**目标函数**,g 被称为**约束条件**。我们需找到 f 的极大值与极小值,而我们的寻找必须被约束在满足等式 $g(x_1, x_2)=0$ 的点集。为了求解这一问题,建立拉格朗日方程：

$$L(x_1, x_2, \lambda)=f(x_1, x_2)+\lambda g(x_1, x_2)$$

上述方程中,变量 λ 被称为**拉格朗日乘数**。求极大值或极小值的一阶必要条件是：

$$\begin{aligned}L_1&=f_1+\lambda g_1=0\\ L_2&=f_2+\lambda g_2=0\\ L_\lambda&=g(x_1, x_2)=0\end{aligned}\tag{1}$$

为了分辨极大值与极小值,构建有边界的黑塞矩阵：

$$H=\begin{bmatrix} L_{11} & L_{12} & g_1 \\ L_{21} & L_{22} & g_2 \\ g_1 & g_2 & 0 \end{bmatrix}$$

如果在式(1)成立的任意点，$|H|>0$，那么 f 就有满足 $g(x_1, x_2)=0$ 的极大值；如果在式(1)成立的任意点，$|H|<0$，那么 f 就有满足 $g(x_1, x_2)=0$ 的极小值；并且这些也都是充分条件。

案例 3.4

考虑 $\underset{x_1,\ x_2}{\text{Maximize}}\ x_1^2 x_2$，

其中，x_1，x_2 满足 $x_1+2x_2-6=0$。

构建 $L(x_1, x_2, \lambda)=x_1^2 x_2+\lambda(x_1+2x_2-6)$

极大值的一阶必要条件为：

$$L_1=2x_1x_2+\lambda=0$$

$$L_2=x_1^2+2\lambda=0$$

$$L_\lambda=x_1+2x_2-6=0$$

求解，得 $x_1=4$，$x_2=1$，$\lambda=-8$。构建有边界的黑塞矩阵如下：

$$H=\begin{bmatrix} 2x_2 & 2x_1 & 1 \\ 2x_1 & 0 & 2 \\ 1 & 2 & 0 \end{bmatrix}$$

当以 $x_1=4$，$x_2=1$ 代入时，得到：

$$H=\begin{bmatrix} 2 & 8 & 1 \\ 8 & 0 & 2 \\ 1 & 2 & 0 \end{bmatrix}$$

由于$|H|>0$,表明(4, 1)是 $x_1^2x_2$ 的有约束极大值。这样在解决这个问题时,我们找到了在 $x_1+2x_2=6$ 这条线上 $x_1^2x_2$ 取得最大值的点。

第 4 章　经济学中的均衡分析

在这一章，我们将前面介绍的经济模型分析步骤首先应用于静态分析和均衡分析。为此，我们必须先清晰地理解“均衡”的含义。

4.1　均衡的含义

与其他经济术语一样，均衡这一概念也可以用不同方式来定义。均衡有一个定义为“选定的一组具有内在联系的变量经过彼此调整，使得这些变量所构成的模型不存在内在变化倾向”的一种状态①。在这个定义中，有几个关键词需要特别注意。

一是“选定的”一词强调了这样一个事实：确实存在一些变量，由于研究者的选择而未被包含于模型之中。因此，我们所讨论的均衡仅与选定的特定变量集合有关。如果模型扩展，进一步包含了额外的变量，则适合于较小模型的均衡状态就不再适用于扩展后的新的模型。

二是“内在联系”一词意味着为了实现均衡状态，模型中的所有

① Fritz Machlup, “Equilibrium and Disequilibrium: Misplaced Concreteness and Disguised Politics,” Economic Journal, March 1958, p.9.（重印于 F. Machlup, Essays on Economic Semantics, Prentice Hall, Inc., Englewood Cliffs, N.J., 1963。）

变量必须同时处于静止状态;而且每一变量的静止状态必须与所有其他变量的静止状态相一致。否则某一变量或某些变量将会变化,并引起其他变量的连锁反应,均衡就不再存在。

三是“内在的”一词意味着在定义均衡时,所涉及的静止状态仅以模型内部力量的平衡为基础,而假定外部因素不变。从函数式的角度看,这意味着参数和外生变量被视为常数。当外部因素发生实际变化时,将会导致定义在新参数值基础上的新均衡。但在定义新均衡时,还要假设新参数值为常数。

从本质上看,一个特定模型的均衡,是以缺乏变化趋势或变化倾向为特征的一种状态。正是因为如此,均衡分析(更确切地说,研究什么是均衡状态)也被称为静态学。

均衡意味着缺乏变化趋势这一事实,其容易使人们得出这样的结论:均衡是事物的一种理想的或符合理想愿望的状态,因为只有理想状态才会缺乏变化的动力。这个结论是缺乏依据的。尽管某些均衡代表了某种理想状态,比如从厂商角度来看的利润最大化状态,然而另一些均衡却是不那么理想的、需予以回避的状态,比如非充分就业的国民收入均衡水平等。更加合理的解释是:均衡是这样一种状态,其一旦达到且外力不发生变化,就有维持不变的倾向。

对于被称为目标均衡的那种理想均衡,我们将在第二篇中作为优化问题进行讨论。本章的讨论主要与非目标均衡有关,这种均衡并不是由于对特定目标的刻意追求,而是由于非个人的或超个人的经济力量相互作用与调节所致。例如,在给定供求条件下的市场均衡和给定消费与投资方式下的国民收入均衡,都属于这一范畴。

4.2　局部市场均衡——线性模型

在静态均衡模型中，标准的问题是解出满足模型均衡条件的一组内生变量的数值。因为我们一旦确定了这组内生变量的数值，实际上也就确定了均衡条件。下面我们描述所谓的“局部市场均衡模型”，即一个独立市场中的价格决定模型。

模型的构建

局部市场均衡仅考察一种商品，所以模型中只需包括三个变量：商品的需求量（Q_d），商品的供给量（Q_s）以及该商品的价格（P）。商品的需求量可以用每周多少件等来度量，价格可以用货币单位来度量。选取完变量后，接下来的任务就是要对市场运行作出若干假设。首先，我们必须设定市场均衡模型必不可少的市场均衡条件。标准的假设是：当且仅当超额需求为零（$Q_d - Q_s = 0$），即当且仅当市场出清时，市场实现均衡。但这又提出一个问题：供求数量 Q_s 和 Q_d 是如何决定的？要回答这个问题，我们需假设 Q_d 是关于 P 的线性递减函数（当 P 增加时，Q_d 减少）；而 Q_s 被假设为关于 P 的线性递增函数（当 P 增加时，Q_s 也随之增加）；并且满足这个条件：除非价格超过某一特定的正的价格水平，否则不会有商品供给。这样，模型将包含一个均衡条件等式、两个行为方程式，这两个行为方程式分别决定着市场供给和市场需求两个方面。

将其转化为数学表述，模型可以写成：

$$\begin{aligned} &Q_d = Q_s, \\ &Q_d = a - bP, \qquad (a, b > 0) \\ &Q_s = -c + dP, \quad (c, d > 0) \end{aligned} \tag{1}$$

两个线性函数中出现的四个参数 a、b、c 和 d，均设定为正。当画出需求函数曲线时，如图 4.1 所示，它与纵轴相交于 a，其斜率正如所要求的那样为负，即 $-b$。供给函数也具有符合要求的斜率，d 值为正，它与纵轴交于 $-c$。为什么要设定这样一个负的截距呢？因为只有这样，才能使得供给曲线与横轴相交于正值 P_1，从而满足我们前面所描述的附加条件：除非价格为正且足够高，否则就不会有供给。

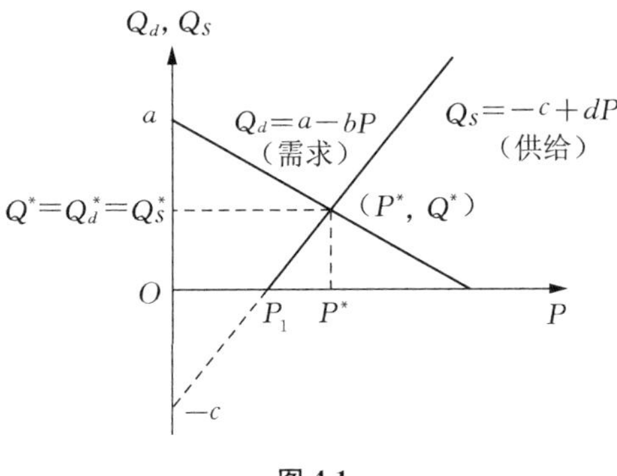

图 4.1

应注意的是，在图 4.1 中，与通常将价格作为纵轴的作图方法相反，数量被作为纵轴。这是为了与数学中将因变量置于纵轴的习惯一致。在后续的相关章节中，从厂商的角度考虑，需求曲线用于表示平均收益曲线，$AR = P = f(Q_d)$，我们将把这个坐标轴的位置倒过来，即纵轴代表价格，横轴代表数量。

模型建立好后，下一步就是求解，即解出三个内生变量 Q_d、Q_s 和 P 的值。解必须同时满足(1)中的三个方程，即将这些解值代入方程时，必须使这三个方程同时成立。在与均衡模型相关的内容中，解值也被称作刚才所提到变量的均衡值。许多研究者并不使用特定的符号来表示内生变量的解值。因此，Q_d 既用于表示需求数量这一变量(整个值域)，也用于表示其解值(一个特定的值)；符号 Q_s 和 P 也有类似的含义。然而，这种做法可能引起混淆，尤其是在比较静态分析的背景下(本书的主要研究内容)。为了避免这种混淆，我们用星号表示内生变量的解值。因此，Q_d，Q_s 和 P 的解值分别被记为 Q_d^*，Q_s^* 和 P^*。然而，因为 $Q_d^*=Q_s^*$，它们也可以用一个符号 Q^* 来表示。这样，模型的均衡解可以用有序偶(P^*，Q^*)表示。当解不唯一，有几个有序偶同时满足联立方程组时，则存在一个不止包含一个元素的解集。但在如本例这样的线性模型中，不可能出现多个均衡解的情况。

用消元法求解

解方程组的一个办法是通过代换逐步消去变量和方程式。在(1)中，模型包含三个方程式、三个变量。但考虑到由均衡条件可知 Q_d 与 Q_s 相等，我们可以令 $Q_d=Q_s=Q$，将模型等价地改写为：

$$
\begin{aligned}
Q&=a-bP \\
Q&=-c+dP
\end{aligned}
\tag{2}
$$

这样模型就简化为两个变量、两个方程式。进而通过将(2)中的第一个方程代入第二个方程，模型可以进一步简化为一个含有一个变量的方程：

$$a-bP=-c+dP$$

或者，在方程两边同时减去$(a-bP)$，并同乘以-1，有：

$$(b+d)P=a+c \tag{3}$$

在(1)中将第二和第三个方程式直接代入第一个方程式，也可以得到这个结果。

因$b+d\neq 0$，所以可将式(3)两边同时除以$(b+d)$，其结果就是价格的解值：

$$P^*=\frac{a+c}{b+d} \tag{4}$$

注意，与所有解值一样，P^*是完全以参数表示的，参数代表模型的给定值，所以P^*是一个确定的值。同时应当注意的是，P^*是一个正值，因为模型设定四个参数均为正值，而市场价格为正时才有意义。

要求出对应于P^*的均衡数量$Q^*(=Q_d^*=Q_s^*)$，仅需将式(4)代入(2)的任一方程，并解这一方程，就可以得到Q^*的解。例如将式(4)代入需求函数，我们可以得到：

$$Q^*=a-\frac{b(a+c)}{b+d}=\frac{a(b+d)-b(a+c)}{b+d}=\frac{ad-bc}{b+d} \tag{5}$$

这个式子也是一个参数表达式。因为分母$(b+d)$为正，要使

Q^*为正，则分子$(ad-bc)$也需为正。因此，要使这个模型具有经济意义，还需包含额外的约束条件$ad>bc$。

在图4.1中可以看出这个约束的涵义。我们知道市场模型的解P^*和Q^*在图形上由供求曲线的交点决定，要使$Q^*>0$，供求曲线的交点必须位于图4.1横轴的上方，这就要求两曲线的斜率和纵轴截距的相对大小受到某些约束。根据式(5)，给定b和d为正，这些约束就是$ad>bc$。

注意到，分别以D和S表示需求曲线和供给曲线上的点集，则通过利用符号$Q(=Q_s=Q_d)$，两个集合及其交点可以写成：

$$D=\{(P,Q)\mid Q=a-bP\},$$
$$S=\{(P,Q)\mid Q=-c+dP\},$$
$$\text{以及 } D\cap S=(P^*,Q^*)$$

在本例中，交集仅包含一个元素，即有序偶(P^*,Q^*)。市场均衡是唯一的。

练　习

1. 给定市场模型

$$Q_d=Q_s,$$
$$Q_d=21-3P,$$
$$Q_s=-4+8P,$$

分别运用下述方法求出P^*和Q^*：

(a) 消元法；

(b) 运用式(4)和式(5)求解，结果以分数表示。

2. 根据式(5)，要使 Q^* 为正，一个必要条件是 $(ad-bc)$ 与 $(b+d)$ 的代数符号相同。请验证练习 1 的模型确实满足这一条件。

3. 在线性市场模型中，如果 $b+d=0$，对于图 4.1 中供求曲线的位置，你能得出什么结论？关于均衡解，你能得出什么结论？

4.3 局部市场均衡——非线性模型

在独立的市场模型中，用二次需求函数代替线性需求函数，而供给函数仍为线性函数。如果系数用数值而非参数，则可以有下面的模型：

$$\begin{aligned} Q_d &= Q_s \\ Q_d &= 4-P^2 \\ Q_s &= 4P-1 \end{aligned} \tag{6}$$

与以往一样，这个含有三个方程的方程组可以用消元法(代入法)简化为一个方程：

$$4-P^2=4P-1$$

也就是，

$$P^2+4P-5=0 \tag{7}$$

这是一个二次方程，因为方程左侧的表达式是变量 P 的二次函数。

二次方程和线性方程的主要区别在于二次方程一般有两个解值。

在式(7)中，由于二次方程 $f(P)=0$，情况就发生了根本性的变化。因为变量 $f(P)$ 现在不再存在(它被赋值为零)，结果二次方程只有一个变量 P。既然 $f(P)$ 仅限取零值，那么只有一定数量的 P 值可以满足式(7)，并可以作为此方程的解。这些 P 值也就是图 4.2 中抛物线与横轴的交点[在横轴上 $f(P)$ 为零]。注意，此时的解值仅仅是 P 值，而非有序偶。方程的解 P 值通常被称为二次方程 $f(P)=0$ 时的根，或者说当二次函数为零时的根。

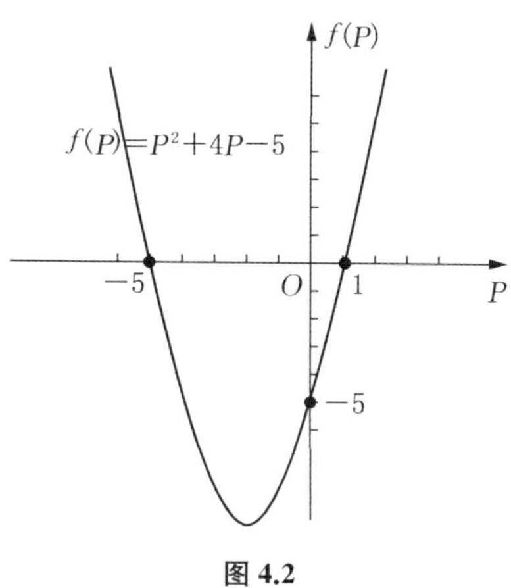

图 4.2

在图 4.2 中，有两个这样的交点，即(1, 0)和(−5, 0)。正如所要求的那样，有序偶的第二个元素(对应点的**纵坐标**)在两种情况下均表明 $f(P)$ 为零，而每一个有序偶的第一个元素(点的**横坐标**)，则是解值 P。这里我们得到两个解：

$$P_1^*=1 \text{ 和 } P_2^*=-5,$$

其中，负的价格被舍掉，仅有第一个解值是具有经济意义的。

二次公式

方程(7)已通过图解法解出，还可以用代数法求解。一般而言，给定下述形式的二次方程：

$$ax^2+bx+c=0,\ (a\neq 0) \tag{8}$$

它的两个根可以通过**求根公式**求解得到：

$$x_1^*,\ x_2^*=\frac{-b\pm(b^2-4ac)^{1/2}}{2a} \tag{9}$$

其中，取加号得到 x_1^*，取减号得到 x_2^*。

注意到只要 $b^2-4ac>0$，x_1^* 和 x_2^* 的值就不同，我们可以得到两个不同的实数根。但在 $b^2-4ac=0$ 的特定情况下，我们将发现 $x_1^*=x_2^*=-b/2a$。在这种情况下，两个根的值相同，它们被称为**重根**。在另一种 $b^2-4ac<0$ 的特殊情况下，我们需要求出负数的平方根，这在实数系统中是不可能的，这种情况下没有实数根存在。

这个得到广泛运用的公式是通过“配方”的过程推导出来的。首先，式(8)的每一项除以 a 可得到如下方程：

$$x^2+\frac{b}{a}x+\frac{c}{a}=0$$

方程两边同时减去 c/a，加上 $b^2/4a^2$，得到：

$$x^2+\frac{b}{a}x+\frac{b^2}{4a^2}=\frac{b^2}{4a^2}-\frac{c}{a}$$

方程左侧现在是“完全平方”，因此方程可以表示成：

$$\left(x+\frac{b}{2a}\right)^2=\frac{b^2-4ac}{4a^2}$$

或者两边开平方后得到：

$$x+\frac{b}{2a}=\pm\frac{(b^2-4ac)^{1/2}}{2a},$$

最后，方程两边同时减去$\frac{b}{2a}$，则可以得到式(9)的结果。

将此公式应用于式(7)，其中 $a=1$，$b=4$，$c=-5$，$x=P$，求得根为：

$$P_1^*,\ P_2^*=\frac{-4\pm(16+20)^{1/2}}{2}=\frac{-4\pm6}{2}=1,\ -5$$

可将其与图 4.2 的结果进行比较验证。基于经济意义上的考虑，我们拒绝 $P_2^*=-5$。得到 $P^*=1$。

有了这个结果 $P^*=1$，再利用(6)的第二个或第三个方程，可以很容易地求得均衡数量 $Q^*=3$。此外，通过图解法，也可以找到唯一的均衡解。

高次多项式方程

如果联立方程组不能化简成如式(3)那样的线性方程，或者如式(7)那样的二次方程，而是化简成三次多项式方程或者四次多项式方程等，求根的过程就更为困难。一种行之有效的方法是对函数进行因式分解。

例 1　表达式 x^3-x^2-4x+4 可以写成$(x-1)$、$(x+2)$、$(x-$

2)三个因子的乘积。因此,三次方程可以写成:

$$(x-1)(x+2)(x-2)=0$$

要使方程左侧的积为零,乘积中至少有一项应当为零。依次令每一项为零,我们得到:

$$x-1=0 \text{ 或 } x+2=0 \text{ 或 } x-2=0,$$

这三个方程式给出三次方程式的三个根,即:

$$x_1^*=1,\ x_2^*=-2,\ x_3^*=2。$$

例 1 讨论了两个有意思也很有用的关于因子的结论。第一,给定一个三阶多项式方程,进行因式分解,得到以(x－根)的形式表示的三项,这样得到三个根。一般而言,一个 n 阶多项式可以得到 n 个根。第二,比求根更重要的是,我们得到如下三个根(1, －2, 2)和固定值 4 的联系。因为固定值是三个根的乘积的绝对值,每个根都必须是这个固定值的除数。它们的关系可以用如下定理来表示:

定理 1 给定一个多项式方程:

$$x^n+a_{n-1}x^{n-1}+\cdots+a_1x+a_0=0,$$

方程式里的所有系数都是整数,并且 x^n 的系数是 1。如果存在整数根,那么每一个整数根都必须是 a_0 的除数。

然而,我们经常会遇到系数是分数的多项式方程,比如:

$$x^4+\frac{5}{2}x^3-\frac{11}{2}x^2-10x+6=0。$$

这不在定理 1 的范畴内。即使对等式两边同乘以 2 消去分母

(就如例2的形式),我们还是不能应用定理1,因为最高阶项的系数不等于1。这时,我们可以求助于更加一般的定理:

定理2　给定整数系数的多项式方程:

$$a_nx^n+a_{n-1}x^{n-1}+\cdots+a_1x+a_0=0$$

如果存在一个有理根 r/s,这里 r 和 s 是除了1以外没有公约数的整数,那么 r 是 a_0 的除数,s 是 a_n 的除数。

例2　下面的四次方程有没有有理根?

$$2x^4+5x^3-11x^2-20x+12=0,$$

当 $a_0=12$ 时,r/s 中 r 的唯一可能值属于除数集合{1, −1, 2, −2, 3, −3, 4, −4, 6, −6, 12, −12}。当 $a_n=2$ 时,s 唯一可能的值属于除数集合{1, −1, 2, −2}。我们得到 r/s 只可能取如下值:

$1, -1, \frac{1}{2}, -\frac{1}{2}, 2, -2, 3, -3, \frac{3}{2}, -\frac{3}{2}, 4, -4, 6, -6, 12,$ -12,在这些候选根中,很多都不能满足给定的等式。比如,在四次方程中让 $x=1$,我们得到矛盾的结果 $-12=0$。事实上,因为所求解的是一个四次方程,我们能够期望最多4个 r/s 值满足这个等式。这4个方程的根是 $\frac{1}{2}$, 2, −2和−3。根据因式分解原则,我们能够写出四次方程:

$$\left(x-\frac{1}{2}\right)(x-2)(x+2)(x+3)=0,$$

其中,第一个因子可以写成 $(2x-1)$。

在例 2 中，我们拒绝候选根 1，因为 $x=1$ 不能够满足给定的等式，即把 $x=1$ 代入等式不能得到恒等式 $0\equiv0$。现在，考虑 $x=1$ 确实是某个多项式方程的根的情形。在这个例子中，因为 $x^n=x^{n-1}=\cdots x=1$，这个多项式方程化成简单的形式就是 $a_n+a_{n-1}+\cdots+a_1+a_0=0$。这也就得到了下面的定理：

定理 3 给定多项式方程：$a_nx^n+a_{n-1}x^{n-1}+\cdots+a_1x+a_0=0$，当系数 a_n，a_{n-1}，$\cdots$，a_1，a_0 之和等于 0 时，那么 $x=1$ 是方程的根。

4.4 一般市场均衡

上两节讨论了独立的市场模型，其中，产品的 Q_d 和 Q_s 仅是关于该产品市场价格的函数。然而在现实世界中，没有一种产品是独立存在的，每一种产品都有许多替代品和互补品。因此，对一种产品的需求函数更为实际的描述不但应考虑到产品自身价格的影响，还应考虑到相关产品价格的影响，供给函数也是如此。这就涉及多市场分析。然而，一旦其他产品价格被纳入考虑范围，模型的结构必须加以拓展，以便能求出其他产品价格的均衡值。因此，多种产品的价格和数量这些变量必须都作为内生变量纳入模型。

在独立市场模型中，均衡条件仅包含一个方程 $Q_d=Q_s$，或 $E=Q_d-Q_s=0$，其中 E 代表超额需求。当同时考虑几种相互关联的产品时，均衡条件要求模型中的每一种产品都不存在超额需求。因为只要有一种产品存在超额需求，该产品的价格调整就会影响到其他产品的需求数量和供给数量，从而导致所有产品的价格发生变化。

因此，对于 n 种产品市场的模型，其均衡条件将包含 n 个方程，每个方程代表一种产品，其表达形式为：

$$E_i = Q_{di} - Q_{si} = 0,\ (i = 1,\ 2,\ \cdots,\ n) \tag{10}$$

如果存在均衡解，它将是一个价格 P_i^* 和对应的数量 Q_i 的集合，使得均衡条件中的 n 个方程同时得到满足。

两种产品市场的模型

为了进一步把问题分析清楚，我们讨论一个仅包含两种相互关联的产品的简单模型。为简化起见，两种产品的需求函数和供给函数均假设为线性的。用参数形式表达，这个模型可以写成：

$$\begin{aligned}
&Q_{d1} - Q_{s1} = 0 \\
&Q_{d1} = a_0 + a_1 P_1 + a_2 P_2 \\
&Q_{s1} = b_0 + b_1 P_1 + b_2 P_2 \\
&Q_{d2} - Q_{s2} = 0 \\
&Q_{d2} = \alpha_0 + \alpha_1 P_1 + \alpha_2 P_2 \\
&Q_{s2} = \beta_0 + \beta_1 P_1 + \beta_2 P_2
\end{aligned} \tag{11}$$

其中，系数 a 和 b 属于第一种产品的需求和供给函数，α 和 β 属于第二种产品的需求和供给函数。我们没有设定系数的符号，但在分析过程中为使结果具有经济意义，需要施加一些限制条件。在后面的数值系数的例子中，对于一些系数的特定符号会进一步说明。

作为求解该模型的第一步，我们再次采用消元法。通过将第二个、第三个方程代入第一个方程（描述第一种产品的方程），将第五、

第六个方程代入第四个方程(描述第二种产品的方程),模型可以简化为含有两个变量的两个方程:

$$
\begin{aligned}
&(a_0-b_0)+(a_1-b_1)P_1+(a_2-b_2)P_2=0 \\
&(\alpha_0-\beta_0)+(\alpha_1-\beta_1)P_1+(\alpha_2-\beta_2)P_2=0
\end{aligned}
\tag{12}
$$

将需求和供给函数代入两个均衡条件方程之后,就得到了式(10)在两种产品情形下的形式。

尽管这是一个仅含有两个方程的简单方程组,但所包含的参数有 12 个,如果不引入一些简写符号,代数处理将极为麻烦。因此,我们定义简写符号:

$$
\begin{aligned}
&c_i \equiv a_i-b_i \\
&\gamma_i \equiv \alpha_i-\beta_i \qquad (i=0,\ 1,\ 2)
\end{aligned}
$$

将 c_0 和 γ_0 移至方程等号右侧后,式(12)变成:

$$
\begin{aligned}
c_1P_1+c_2P_2&=-c_0 \\
\gamma_1P_1+\gamma_2P_2&=-\gamma_0
\end{aligned}
$$

通过进一步使用消元法,此式可解。由第一个方程可得 $P_2=-(c_0+c_1P_1)/c_2$。将其代入第二个方程并求解,我们得到:

$$
P_1^*=\frac{c_2\gamma_0-c_0\gamma_2}{c_1\gamma_2-c_2\gamma_1} \tag{13}
$$

注意 P_1^* 是完全以模型中的参数表示的,作为解值,它也应当如此。通过类似的过程,求得第二种产品的均衡价格为:

$$P_2^* = \frac{c_0\gamma_1 - c_1\gamma_0}{c_1\gamma_2 - c_2\gamma_1} \tag{14}$$

为使这两个解值具有经济意义，需要对模型施加一些限制条件。第一，因为分母为零没有意义，我们要求式(13)和式(14)中的相同的分母不为零，即 $c_1\gamma_2 \neq c_2\gamma_1$。第二，为保证 P^* 为正，分子、分母的符号应相同。

求出均衡价格后，通过将式(13)和式(14)代入(11)的第二(或第三)个方程和第五(或第六)个方程，可以求出均衡数量 Q_1^* 和 Q_2^*，这些解值自然也应以参数表示。

数值算例

假设需求和供给函数取下述数值形式：

$$\begin{aligned} Q_{d1} &= 10 - 2P_1 + P_2 \\ Q_{s1} &= -2 + 3P_1 \\ Q_{d2} &= 15 + P_1 - P_2 \\ Q_{s2} &= -1 + 2P_2 \end{aligned} \tag{15}$$

其均衡解是什么?

在回答此问题前，我们先考察一下数值系数。对于每一种产品，Q_{si} 仅取决于 P_i，但 Q_{di} 是两种产品价格的函数。注意，尽管在 Q_{d1} 中，P_1 的系数为负，正如我们期望的那样，但 P_2 的系数为正。P_2 上升使 Q_{d1} 增加，这意味着两种产品互为替代品。P_1 变化对 Q_{d2} 的影响也有类似的解释。

在上述系数的情形下，简写符号 c_i 和 γ_i 将取以下值：

$$c_0=10-(-2)=12,\ c_1=-2-3=-5,\ c_2=1-0=1,$$

$$\gamma_0=15-(-1)=16,\ \gamma_1=1-0=1,\ \gamma_2=-1-2=-3,$$

直接将其代入式(13)和式(14)，得到：

$$P_1^*=\frac{52}{14}=3\frac{5}{7}\text{和}\ P_2^*=\frac{92}{14}=6\frac{4}{7},$$

再进一步将 P_1^* 和 P_2^* 代入式(15)，有

$$Q_1^*=\frac{64}{7}=9\frac{1}{7}\text{和}\ Q_2^*=\frac{85}{7}=12\frac{1}{7},$$

于是所有均衡值均如所要求的那样，都是正值。为了保留 P_1^* 和 P_2^* 的精确值以便在进一步计算 Q_1^* 和 Q_2^* 时使用，我们用分数而非小数来表示 P_1^* 和 P_2^*。

我们能用图解法解出均衡价格吗？答案是肯定的。由(12)，很显然两产品模型可以归纳为由具有两个变量 P_1^*、P_2^* 的两个方程组成。在已知数值系数时，在 P_1P_2 坐标平面中可绘出两个方程的曲线，两条曲线的交点则可以准确地确定 P_1^* 和 P_2^*。

n 种产品的情况

以上对多种产品市场模型的讨论仅限于两种商品的情况，我们进一步由局部均衡分析向一般均衡分析转变。当更多的产品进入模型时，变量和方程的数量也随之增加，方程也会变得更长、更复杂。如果综合市场模型包括一个经济中的所有产品，这个模型就是瓦尔

拉斯一般均衡模型。在这个模型中,每一种产品的超额需求被视为该经济中所有产品价格的函数。

当然,当某些产品的价格对某种特定产品的超额需求不产生影响时,其系数可取值为零。例如,在钢琴的超额需求函数中,花生价格的系数可以取零值。但一般而言,包含 n 种产品的需求函数和供给函数可以表述成如下形式(使用 Q_{di} 和 Q_{si} 作为函数符号代替 f 和 g):

$$\begin{aligned} &Q_{di}=Q_{di}(P_1, P_2, \cdots, P_n) \\ &Q_{si}=Q_{si}(P_1, P_2, \cdots, P_n), (i=1, 2, \cdots, n) \end{aligned} \tag{16}$$

根据下标可知,这两个方程代表了模型所包含的所有 $2n$ 个方程(这些方程不必都是线性的)。均衡条件也由 n 个方程的集合组成:

$$Q_{di}-Q_{si}=0, (i=1, 2, \cdots, n) \tag{17}$$

把式(16)和式(17)组合在一起,就成为完整的模型,共包括 $3n$ 个方程。

然而,把式(16)代入式(17),模型可以简化为仅含有 n 个方程的联立方程组:

$$Q_{di}(P_1, P_2, \cdots, P_n)-Q_{si}(P_1, P_2, \cdots, P_n)=0, (i=1, 2, \cdots, n)$$

此外,由于 $E_i=Q_{di}-Q_{si}$,其中 E_i 必然也是 n 种产品价格的函数,上述方程组还可以写成:

$$E_i(P_1, P_2, \cdots, P_n)=0, (i=1, 2, \cdots, n)$$

如果确实有解,那么联立求解,n 个方程将决定 n 个价格 P_i^*,而 Q_i^* 则可以从需求函数或供给函数推导出来。

一般方程组的解

当一个模型中的方程式具有数值系数,如式(15),则变量均衡值也将是数值的。在更一般的情况下,如果一个模型如前面的两种产品市场模型(11)那样,以参常数表示,则均衡值也由参数表示,例如式(13)、式(14),以具体表达式的形式出现。但如果为了获得更广泛的一般性,例如式(16),对模型中的函数形式不作设定,那么,解值的表达形式也相应有着更为广泛的一般性。

我们已经知道,在参数模型中,解值总是以参数来表示的。因此,对于一般函数模型,比如含有 m 个参数($a_1, a_2, \cdots, a_m$)的一般函数模型(m 不一定等于 n),可以预期,n 种产品的均衡价格可以用如下一般解的形式来表达:

$$P_i^* = P_i^*(a_1, a_2, \cdots, a_m), \ (i=1, 2, \cdots, n) \tag{18}$$

式(18)告诉我们,模型每一变量(即价格)的解值是该模型所有参数集合的函数。这是一个非常一般化的描述,它并没有给出解的详细信息。在本书第二篇,我们将进一步通过比较静态分析对一般函数模型展开讨论,而这种对解的不含具体信息的表达方式在很多经济问题分析中都很有帮助。

虽然写出这样的解并不困难,但还要考虑另一个问题:当且仅当存在唯一解时,表达式(18)才有意义;当且仅当式(18)有意义时,我们才能把 m 元数组($a_1, a_2, \cdots, a_m$)映射到每一个价格 P_i^* 的一个确定的值。然而,我们并没有充分的理由认为每一个模型会自动产生一个唯一解。在这里需要强调的是,“计算方程和未知数的个数”

不足以作为一种检验方法。通过下面一些简单的方程组例子可以看到，方程数量和未知数(内生变量)个数相等，并不足以保证唯一解的存在。

考察下面三个联立方程组：

$$\begin{cases} x+y=8 \\ x+y=9 \end{cases} \tag{19}$$

$$\begin{cases} 2x+y=12 \\ 4x+2y=24 \end{cases} \tag{20}$$

$$\begin{cases} 2x+3y=58 \\ y=18 \\ x+y=20 \end{cases} \tag{21}$$

在(19)中，尽管两个未知数确实通过两个方程联系起来，但该方程组无解。因为这两个方程是不相容的，可以看到，如果 x 加 y 等于 8，那么二者之和不可能同时还等于 9。(20)则给出了两个变量、两个方程式的另一种情况。这两个方程里的函数是相关的，即可以从一个函数推导出另一个函数，或一个函数中隐含着另一个函数(在这里，第二个方程是第一个方程的两倍)。因此，其中一个方程是多余的，可以从方程组中去掉，只留下一个含有两个未知数的方程，其解可以是 $y=12-2x$，由这个方程式并不能得到唯一的有序偶(x^*，y^*)，而是一组无穷的数值解，包括(0，12)、(1，10)、(2，8)等，它们均能使方程成立。最后一个方程组(21)则给出了方程数多于未知数个数的情况，但有序偶(2，18)确实构成了这个方程组的唯一解。

其原因是，由于方程组中存在函数相关（第一个方程等于第三个方程的两倍加上第二个方程），故我们实际上只有两个变量及两个独立且相容的方程。

这些简单的方程组例子表明，**通过方程数量和未知数（内生变量）个数相等来检验模型是否有唯一解，其前提是方程的相容性和函数的非相关性**。一般来说，应用这种方法帮助我们做出判断时应确保：(1)变量在满足模型中任一方程时，也必须满足模型中的其他方程；(2)模型中没有多余方程。例如在式(16)中，就可以假设 n 个需求函数和 n 个供给函数是彼此不相关的，因为每个函数均有不同的来源：每一个需求函数源于一组消费者的决策，而每一个供给函数源于一组厂商的决策。因此，每一个函数用于描述市场状况的一个方面，没有一个函数是多余的。我们还可以假设(16)中的方程具有相容性。此外，均衡条件方程(17)也是非相关的，且可以假设它们是相容的。因此，一般来说，式(18)这样的解的一般表达形式是合理的①。

对于联立方程组，有系统方法来检验其唯一（或定值）解的存在。对于线性模型，还可以运用第二篇中介绍的行列式来进行求解。在

① 根据蒋中一和凯尔文·温赖特(2006)的观点，这实质上是瓦尔拉斯分析一般市场均衡存在问题所采用的方法。在现代文献中，可以看到在一些假定条件下对竞争市场均衡存在的复杂的数学证明。这些文献所运用的数学方法较复杂而深奥。其中最易理解的可能是罗伯特·多夫曼(Robert Dorfman)、保罗·萨缪尔森(Paul A. Samuelson)和罗伯特·索洛(Robert M. Solow)在《线性规划与经济分析》(*Linear Programming and Economic Analysis*)中的证明(纽约，麦格劳-希尔出版公司1958年版，第13章)。

非线性模型情况下，进行检验时，要运用偏导数的知识，以及雅可比矩阵行列式这种特殊类型的行列式。我们将在第 5 章等后续章节进行讨论。

4.5　国民收入分析中的均衡

目前为止，我们在本书中关于静态分析的讨论仅限于各类市场模型，包括线性的和非线性的，一种商品和多种商品，特殊的和一般的，等等，但是它当然还可以应用于经济分析的其他领域。我们引用熟悉的凯恩斯国民收入支出模型作为一个简单的例子：

$$\begin{aligned} &Y=C+I_0+G_0 \\ &C=a+bY,\ (a>0,\ 0<b<1) \end{aligned} \tag{22}$$

其中，Y 和 C 分别表示国民收入和（计划）消费支出这两个内生变量，I_0 和 G_0 分别表示外生决定的投资和政府支出。第一个方程是均衡条件（国民收入等于总支出）。第二个方程是消费函数，属于行为方程。消费函数中的两个参数 a 和 b 分别代表自发消费支出和边际消费倾向。

很明显，这两个方程中包含两个内生变量，它们既不存在函数相关，也非互不相容。因此，我们可以求出以参数 a、b 和外生变量 I_0、G_0 表示的收入与消费支出的均衡值 Y^* 和 C^*。

将式(22)的第二个方程代入第一个方程，可将其简化为仅包含一个变量 Y 的一个方程：

$$Y=a+bY+I_0+G_0 \quad \text{或} \quad (1-b)Y=a+I_0+G_0$$

由此,Y 的解值即均衡国民收入为:

$$Y^*=\frac{a+I_0+G_0}{1-b} \tag{23}$$

需要指出的是,式(23)完全是以模型给定的数据,即参数和外生变量表示的。将式(23)代入(22)的第二个方程,则得到均衡的消费支出水平为:

$$\begin{aligned} C^* &= a+bY^*=a+\frac{b(a+I_0+G_0)}{1-b} \\ &= \frac{a(1-b)+b(a+I_0+G_0)}{1-b}=\frac{a+b(I_0+G_0)}{1-b} \end{aligned} \tag{24}$$

上式也完全是以给定参数表示的。

Y^* 和 C^* 的分母均为表达式$(1-b)$,所以,限定 $b\neq 1$ 是必要的,从而避免被零除。因为边际消费倾向 b 已经被假设为一个正分数,所以 $b\neq 1$ 的限制条件自然满足。同时,要使 Y^* 和 C^* 为正,则式(23)、式(24)的分子也必须为正。由于外生的支出 I_0 和 G_0 通常为正,故参数 a(消费函数的纵轴截距)也为正,分子表达式的符号也为正。

作为对计算的检验,我们可以把 C^* 的表达式(24)加上(I_0+G_0),来看看这个结果是否与 Y^* 的表达式(23)相等。

很明显,这个模型是非常粗略、简化的,我们还可以建立其他具有不同复杂性和完整性的国民收入决定模型。而建立和分析这些模型的原理和过程与前面的讨论是一致的，所以我们不在此作进一步说明。对于更为综合的货币市场和产品市场同时处于均衡状态的国民收入模型，感兴趣的读者可以作进一步的拓展分析。

练　习

1. 请对如下模型求解 Y^* 和 C^*：

$$Y=C+I_0+G_0,$$
$$C=25+6Y^{1/2},$$
$$I_0=16,$$
$$G_0=14$$

2. 给定如下模型：

$$Y=C+I_0+G_0,$$
$$C=a+b(Y-T) \qquad (a>0,\ 0<b<1)\ [T\text{：税收}]$$
$$T=d+tY \qquad (d>0,\ 0<t<1)\ [t\text{：所得税率}]$$

(a) 模型中有几个内生变量？

(b) 求解 Y^*，T^* 和 C^*。

第二篇　比较静态分析

第5章　比较静态方法

在经济模型中，我们对模型自身决定的变量值与由模型以外因素决定的作为常量参与方程的变量值加以区分。取值由模型自身决定的变量被称为**内生变量**，取值由模型以外因素决定的变量则被称为**外生变量**。举例来说，考虑一家利润最大化的企业，通过一种投入——劳动力来生产产品。企业通过选择产出水平来使利润最大化，而企业支付给工人的工资率可能是由市场力量所决定的，超出了企业自身的控制。因此我们说，企业的产出水平是一个内生变量，而工资率是一个外生变量。再比如，在消费者行为模型中，消费者选择消费水平(内生变量)，但接受商品价格为外生给定的常量(外生变量)。出于经济模型中简化分析的考虑，我们遵循将内生变量简称为变量、将外生变量称为参数的一般惯例。

比较静态，是关于模型中的均衡状态或变量最优值如何被模型中参数值的变化所影响的规范研究。

案例 5.1

考虑一个商品 x 的市场供需模型，其价格为 p。图 5.1 中描述了这个市场，其中 p^* 和 x^* 分别表示市场均衡价格和均衡数量。

沿着既定的需求曲线，消费者收入保持为一个常数。如果收入改变，那么需求曲线往往会向左或者向右移动。假设商品是正常商

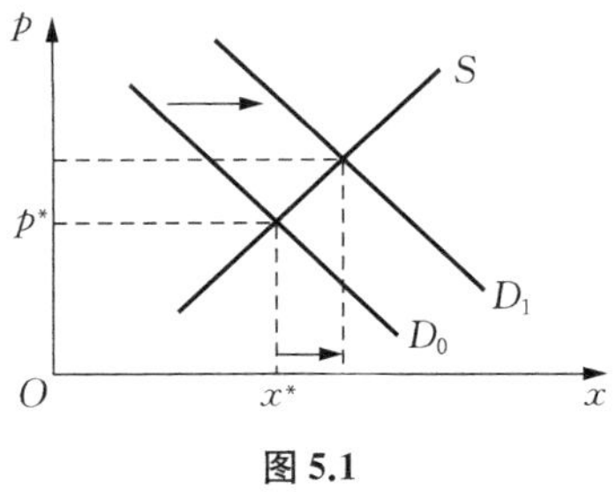

图 5.1

品,那么消费者收入的增长将会使需求曲线沿着水平方向向右移动。在图 5.1 中,收入增长的影响由需求曲线从 D_0 向右侧至 D_1 的移动展现出来。参数(收入)的改变引起了变量(价格和数量)均衡值的增加。当收入增长时,p^* 和 x^* 也相应增加,这就是一个**均衡比较静态**(equilibrium comparative statics)的简单例子。

案例 5.2

现在考虑一个利润最大化的垄断企业例子,该企业通过劳动力投入 x,生产产出 y,同时企业必须支付给员工的工资率 ω 是外生既定的。企业产品的需求曲线(D)、相应的边际收益(MR)曲线,以及企业的边际成本(MC)曲线展示在图 5.2 中。

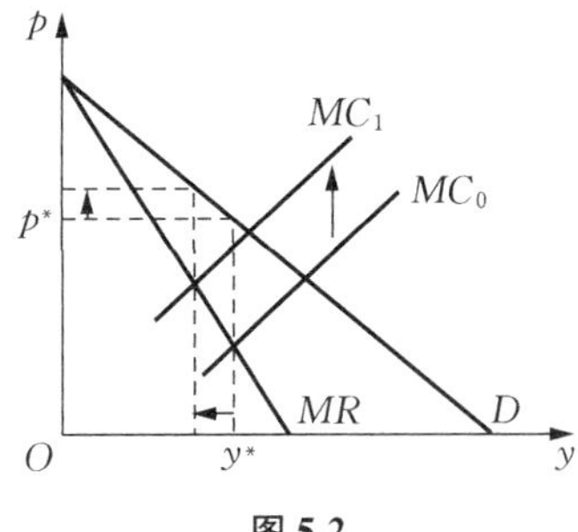

图 5.2

垄断企业通过生产 y^* 数量的产品，即 $MR=MC$ 决定的产出水平，来使其利润最大化。这时产品以价格 p^* 出售。一般来说，企业的边际成本曲线取决于 ω 的值。ω 取值的增加会导致 MC 曲线的上移，如图 5.2 所示。这一变化使得垄断企业的 y^* 减少，进而提升了 p^*。工资率（参数）的增加导致垄断企业产出水平下降以及价格（变量）上升，这就是一个比较静态优化分析（comparative statics with optimization）的例子。

5.1 比较静态与实证检验

比较静态的价值在于它为形成可检验的假说提供了一种方法。举个例子，考虑我们在案例 5.2 中讨论的垄断企业，我们不能直接证明某个企业达到了最大利润，然而，如果垄断企业正在最大化其利润，那么我们的模型就预测工资率 ω 的上升会系统性地导致更高的价格水平 p^* 与更低的产出水平 y^*。如果我们进一步去看一个实际垄断企业的行为，并观察到当工资率上升时，确实存在 p^* 上升以及 y^* 下降，我们就有了垄断企业最大化其利润这一假说有效性的经验证据。这一模型使得我们能够得出结论，如果一家企业确实使其利润最大化，那么特定的经济行为将会在工资上升的情况下被观察到。如果这样的行为确实出现了，我们就提供了利润最大化假说是有效的经验证据。那么证据就支持了理论，虽然理论并没有（也不能）被证明。

5.2 隐函数微分

由于我们仅限于二维分析，而诸多经济应用包含不止两个变量，因此在第一小节所采用的图形分析技术所具有的价值是有限的。此外，图形分析可以帮助我们在变化的方向上做出判断，却不能展现变量发生变化的幅度。因此，比较静态采用了单变量及多变量微积分的方法。

我们所要用到的主要工具是隐函数微分方法。假设 x 和 y 之间的关系可以表示为如下方程式：

$$x^2+2xy+y^5-3=0 \tag{1}$$

求解这个方程时，用 x 明确地表示出 y 的解可能很困难，甚至是不可能的。或者，答案甚至可能并不是用关于 x 的函数来表示 y。但是，通常可以确定 $\mathrm{d}y/\mathrm{d}x$ 的显式表达式。为此，假设存在满足(1)的函数 $y=f(x)$，代入(1)得到：

$$x^2+2xf(x)+[f(x)]^5-3=0 \tag{2}$$

使用乘积法则和链式法则对式(2)求微分得到：

$$2x+2xf'(x)+2f(x)+5[f(x)]^4f'(x)=0。$$

求解 $f'(x)$，我们得到：

$$f'(x)=\frac{-2x-2f(x)}{2x+5[f(x)]^4}$$

现在，将 $f(x)=y$ 代回，则有：

$$f'(x)=\frac{dy}{dx}=\frac{-2x-2y}{2x+5y^4} \tag{3}$$

我们现在可以使用式(3)计算由式(1)给出的曲线在任意满足式(1)的(x, y)组合点上的斜率。举个例子，经过点(1，1)和(3)式的曲线告诉我们，曲线在这一点上的斜率是$(-2-2)/(2+5)=-4/7$。即便我们并没有函数本身的显式表达式，仍然成功地计算出了曲线在点(1，1)上的斜率。我们将在第 5.3 节讨论其能够实现的确切条件。通过引入一些简单的算例，比如 $6x^2-2y=0$ 和 $y^2-4x=0$，从而可以用 x 显式地解出 y，并且通过常用方法与隐式方法相结合来计算出 dy/dx，这有助于我们进一步确保这一方法是有效的。

5.3　隐函数定理（一个变量，一个参数）

通常来说，我们感兴趣的是，通过求解多种经济关系的表达式，从而得到用多个参数表示的多个变量。因此作为第一步，假设我们有一个变量 x 与一个参数 a 之间关系的表达式，$F(x, a)=0$。这定义了一条在(x, a)空间里的曲线，正如同第 2.2 节的方程式(1)在(x, y)空间里定义了一条曲线。现在，假设我们对这一关系式在某个满足 $F(x_0, a_0)=0$ 的特定点(x_0, a_0)上的具体特征感兴趣。进一步假设在这个点附近，这条曲线可以用函数 $x=x(a)$描述(即便我们可能无法写出它的显式表达式)。那么，因为在(x_0, a_0)附近有 $x=x(a)$，当我们把 $x=x(a)$代入关系式 $F(x_0, a_0)=0$ 时，它就成了一个恒等式，即对于所有 a_0 附近的 a，都有 $F\big(x(a), a\big)\equiv 0$ 成立。现在，虽然对于关系式求微分是无效的，对于恒等式的微分则是有效的。由于对于所有在 a_0 附近的 a，$F\big(x(a),\ a\big)\equiv 0$ 是一个恒等式，我们可以对恒等式两边同时求关于 a 的微分，得到：

$$F_x\big(x(a),\ a\big)x'(a)+F_a\big(x(a),\ a\big)=0。$$

因此，

$$x'(a)=\frac{-F_a\big(x(a),\ a\big)}{F_x\big(x(a),\ a\big)} \tag{4}$$

由于 $x_0=x(a_0)$，该式意味着曲线在 $(x_0,\ a_0)$ 点的斜率是：

$$x'(a_0)=\frac{-F_a(x_0,\ a_0)}{F_x(x_0,\ a_0)}。$$

注意，只要 $F_x(x_0,\ a_0)\neq 0$，该式就是有意义的。

回到上文提到的等式与恒等式之间的区别。像 $2x=7$ 这样的关系式就是一个等式，并且是“有时”成立，或者说，只有当 $x=3.5$ 时成立。而像 $x^2=x\cdot x$ 这样的关系式是一个恒等式，并且对于所有的 x “永远”为真。正如从表达式 $2x=7$ 的微分可以看到的，等式的微分是无效的，其结果为 $2=0$。然而，恒等式的微分是有效的，我们利用乘积法则对 $x^2=x\cdot x$ 求微分，得到 $2x=x(1)+x(1)$，就可以看出。

我们将这些讨论总结如下。

隐函数定理（一个变量，一个参数）

$F(x,\ a)$ 是一个 C^1 函数，并且考虑满足关系式 $F(x_0,\ a_0)=0$ 的点 $(x_0,\ a_0)$。如果 $F_x(x_0,\ a_0)\neq 0$，那么就有一个 C^1 函数 $x=x(a)$ 定义在 a_0 附近，从而使得：

(i) 对于所有在 a_0 附近的 a，$F\big(x(a), a\big)\equiv 0$，

(ii) $x(a_0)=x_0$，以及

(iii) $x'(a_0)=-\dfrac{F_a(x_0, a_0)}{F_x(x_0, a_0)}$。

图 5.3 利用图形对此进行了说明。

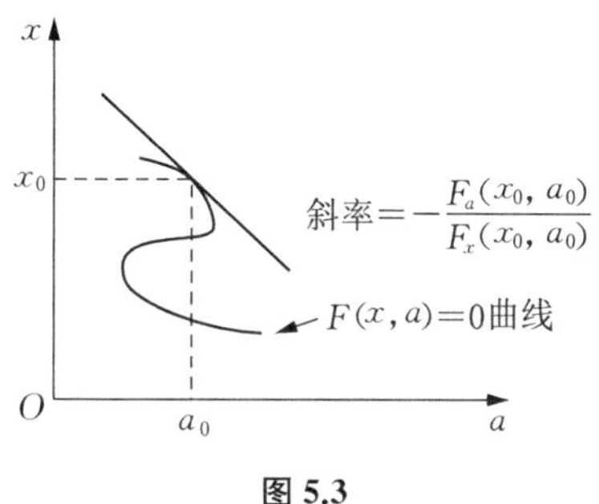

图 5.3

隐函数定理告诉我们，只要 $F_x(x_0, a_0)\neq 0$，原则上说，我们可以用 a 来解出 x，并且通过(iii)给出的公式得到曲线的斜率。

案例 5.3

考虑方程式 $F(x, a)=2x-a^2=0$ 在点$(x_0, a_0)=(2, 2)$。因为 $F_x=2\neq 0$，隐函数定理的假设是满足的，并且在(x, a)空间上这条曲线的斜率为 $-F_a/F_x=-(-2a)/2=a$。因此，在$(x_0, a_0)=(2, 2)$点上，曲线斜率为 2。请见图 5.4。

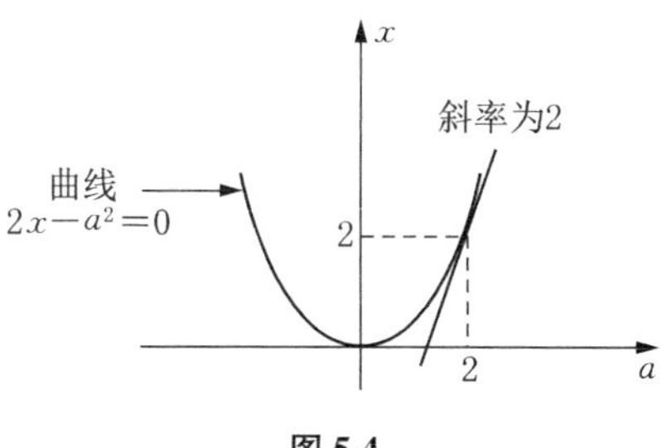

图 5.4

观察这个特定的例子，我们可以找到一个满足(i)—(iii)的显式微分函数：因为 $2x-a^2=0$，我们有 $x(a)=a^2/2$，所以 $x'(a)=a$。同时注意到，当 $x(a)=a^2/2$ 这个函数被代回到方程式 $2x-a^2=0$ 时，由于 $2x(a)-a^2=2(a^2/2)-a^2\equiv 0$，它便转换为一个恒等式。这就恰好解释了为什么(i)—(iii)是有效的。

案例 5.4

考虑方程式 $F(x, a)=a^2x^3+ax-2=0$ 在点(1, 1)。如前文所述，这个等式关系定义了一条在(x, a)空间的曲线。然而，我们并不能像案例 5.3 里所做的那样将 x 用a 显式地解出来。观察到$F_x=3a^2x^2+a$，所以 $F_x(1, 1)=4\neq 0$。隐函数定理告诉我们，实际上，方程 $a^2x^3+ax-2=0$ 把 x 定义为在$a=1$ 附近的 a 的可微分函数，它的斜率是：

$$x'(a)=\frac{-F_a(x, a)}{F_x(x, a)}=\frac{-2ax^3-x}{3a^2x^2+a},$$

其在(1, 1)上的取值是$-3/4$。

如果我们已经简单地假设有一个函数 $x=x(a)$满足：

$$a^2[x(a)]^3+a[x(a)]-2=0$$

隐式微分得到：

$$a^2\big(3[x(a)]^2x'(a)\big)+[x(a)]^3(2a)+ax'(a)+x(a)=0,$$

进而求解 $x'(a)$得到：

$$x'(a)=\frac{-2ax^3-x}{3a^2x^2+a},$$

可以发现，这正是我们使用公式得到的：

$$x'(a)=-\frac{F_a(x,a)}{F_x(x,a)}。$$

5.4　隐函数定理（两个变量，一个参数）

在我们的很多应用中，都会碰到变量与参数之间的关系式组，比如：

$$\begin{aligned}F^1(x,y,a)&=x^2-ay=0\\F^2(x,y,a)&=xy-a=0\end{aligned}\tag{5}$$

假设我们对这些关系式在点$(x_0,y_0,a_0)=(1,1,1)$时感兴趣，同时其满足(5)。假设 x 和 y 可以表示为关于 a 的可微分函数，则有 $x=x(a)$，$y=y(a)$，将其代入(5)：

$$[x(a)]^2-ay(a)\equiv 0$$

$$x(a)y(a)-a\equiv 0$$

对每个恒等式求关于 a 的微分，得到：

$$2x(a)x'(a)-ay'(a)-y(a)=0$$

$$x(a)y'(a)+y(a)x'(a)-1=0$$

求解 $x'(a)$与 $y'(a)$，得到：

$$\begin{aligned}x'(a)&=\frac{xy+a}{2x^2+ay}\\y'(a)&=\frac{2x-y^2}{2x^2+ay}\end{aligned}\tag{6}$$

计算其在点(1，1，1)的值，我们得到 $x'(1)=2/3$ 和 $y'(1)=1/3$。

现在观察到，如果我们计算偏导数的雅可比矩阵 J（Jacobian matrix J）：

$$J=\begin{bmatrix} F_x^1 & F_y^1 \\ F_x^2 & F_y^2 \end{bmatrix}=\begin{bmatrix} 2x & -a \\ y & x \end{bmatrix}$$

J 的行列式是 $|J|=2x^2+ay$，正是(6)中给出的导数的分母。通常来说，对于像(5)这样的方程组，只要在任何满足方程组的点(x_0，y_0，a_0)有 $|J|\neq 0$，函数 $x(a)$ 和 $y(a)$ 都存在，并且可微分，导数就可以如上文一样简单地通过隐式微分得到。

这是对第 5.3 节中讨论结果的三维模拟，$|J|$ 承担了 F_x 所起到的作用。完整的关于隐函数定理的讨论，请见 Bartle(1976)。

案例 5.5

考虑线性方程组：

$$\begin{aligned} F^1(x, y, a) &= x+y-2=0 \\ F^2(x, y, a) &= -x+y-a=0 \end{aligned} \tag{7}$$

在这个案例中，可以解出用 a 表示的 x 和 y 的显式解，得到 $x(a)=(2-a)/2$ 和 $y(a)=(2+a)/2$。求微分，我们得到 $x'(a)=-1/2$ 和 $y'(a)=1/2$。采用隐式微分，可以写成 $x=x(a)$，$y=y(a)$，代入(7)中，得到恒等式：

$$x(a)+y(a)-2\equiv 0$$

$$-x(a)+y(a)-a\equiv 0$$

求微分,我们得到:

$$x'(a)+y'(a)=0$$

$$-x'(a)+y'(a)-1=0$$

这意味着 $x'(a)=-1/2$ 以及 $y'(a)=1/2$。注意到:

$$|J|=\begin{vmatrix} F_x^1 & F_y^1 \\ F_x^2 & F_y^2 \end{vmatrix}=\begin{vmatrix} 1 & 1 \\ -1 & 1 \end{vmatrix}\neq 0,$$

验证了可微分函数 $x=x(a)$, $y=y(a)$存在的判断。这里,$|J|\neq 0$ 反映出(7)所表示的直线并不互相平行,因此相交于一个由 a 的取值所决定的特定点上,如图 5.5 所示。

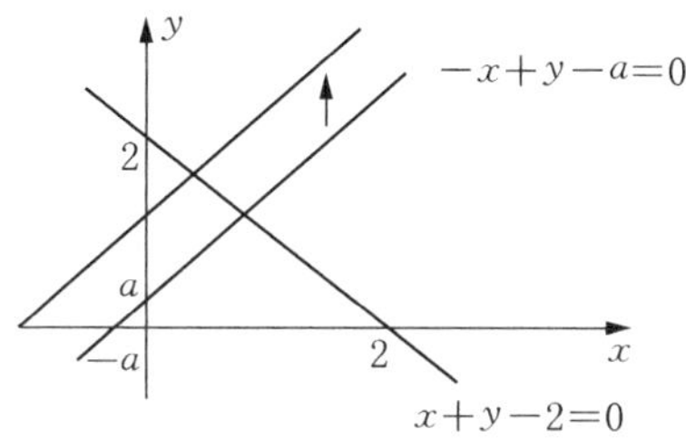

图 5.5

在图 5.5 中,我们假设了 $a>0$。可以看到,当我们得到 $x(a)=(2-a)/2$ 与 $y(a)=(2+a)/2$ 时,这些直线的交点位置取决于 a 的值。根据表达式,交点的位置随着 a 取值的变化而变化,图解说明了 a 值增加的影响。我们计算得出 $x'(a)=-1/2<0$ 和 $y'(a)=1/2>0$,这告诉我们,当 a 增加时,x 解的结果值下降,y 解的结果值上升,正如图 5.5 所示。

5.5 比较静态方法小结

出于简化,我们将把关注点进一步限制在包含不超过三个方程式的方程组。然而对于任何方程式数量的方程组,这个方法都是有效的,只要变量的数量等于方程式的数量。

首先考虑包含一个变量 x 和单个参数 a 的模型,概括为:

$$F(x, a)=0 \tag{8}$$

其中,F 为 C^1。只要 $F_x \neq 0$,就可以(原则上)通过式(8)求解出 x 为关于 a 的 C^1 函数:

$$x=x^*(a)。$$

(我们用星号 * 标记这些函数,因为它们通常代表模型中变量的均衡值或最优值。)

通过将 $x=x^*(a)$ 代入式(8)得到比较静态导数,从而有恒等式:

$$F\left(x^*(a), a\right) \equiv 0,$$

对其微分,则意味着:

$$\frac{\mathrm{d}x^*}{\mathrm{d}a}=-\frac{F_a}{F_x}。$$

这个导数告诉我们,在满足等式 $F(x, a)=0$ 的条件下,变量 x 是如何响应参数 a 的变化的。

现在考虑两个变量、两个方程式、一个参数的模型，概括为：

$$F^1(x, y, a)=0$$
$$F^2(x, y, a)=0 \tag{9}$$

其中 F^1 与 F^2 是 C^1 函数。计算雅可比行列式：

$$|J|=\begin{vmatrix} F_x^1 & F_y^1 \\ F_x^2 & F_y^2 \end{vmatrix}$$

只要$|J|\neq 0$，就可以通过(9)求解出变量为关于参数 a 的函数：

$$x=x^*(a),\ y=y^*(a)。$$

这些函数是 C^1，通过把它们代入(9)以及对恒等式求微分，得到它们的导数：

$$F^1\big(x^*(a), y^*(a), a\big)\equiv 0$$
$$F^2\big(x^*(a), y^*(a), a\big)\equiv 0$$

从而有：

$$F_x^1\left(\frac{\mathrm{d}x^*}{\mathrm{d}a}\right)+F_y^1\left(\frac{\mathrm{d}y^*}{\mathrm{d}a}\right)+F_a^1=0$$
$$F_x^2\left(\frac{\mathrm{d}x^*}{\mathrm{d}a}\right)+F_y^2\left(\frac{\mathrm{d}y^*}{\mathrm{d}a}\right)+F_a^2=0$$

使用克莱默法则解出比较静态导数，我们得到：

$$\frac{\mathrm{d}x^*}{\mathrm{d}a}=\frac{\begin{vmatrix} -F_a^1 & F_y^1 \\ -F_a^2 & F_y^2 \end{vmatrix}}{\begin{vmatrix} F_x^1 & F_y^1 \\ F_x^2 & F_y^2 \end{vmatrix}}=\frac{F_y^1F_a^2-F_a^1F_y^2}{F_x^1F_y^2-F_y^1F_x^2}$$

以及

$$\frac{\mathrm{d}y^*}{\mathrm{d}a}=\frac{\begin{vmatrix} F_x^1 & -F_a^1 \\ F_x^2 & -F_a^2 \end{vmatrix}}{\begin{vmatrix} F_x^1 & F_y^1 \\ F_x^2 & F_y^2 \end{vmatrix}}=\frac{F_a^1F_x^2-F_x^1F_a^2}{F_x^1F_y^2-F_y^1F_x^2}$$

导数 $\mathrm{d}x^*/\mathrm{d}a$ 和 $\mathrm{d}y^*/\mathrm{d}a$ 告诉我们，在满足(9)的条件下，变量 x 与 y 如何响应参数 a 取值的变化。

最后，考虑三个变量、三个等式、一个参数的模型，概括为：

$$\begin{aligned} F^1(x,\ y,\ z,\ a)&=0 \\ F^2(x,\ y,\ z,\ a)&=0 \\ F^3(x,\ y,\ z,\ a)&=0 \end{aligned} \tag{10}$$

其中，F^1、F^2 和 F^3 为 C^1 函数。计算雅可比行列式：

$$|J|=\begin{vmatrix} F_x^1 & F_y^1 & F_z^1 \\ F_x^2 & F_y^2 & F_z^2 \\ F_x^3 & F_y^3 & F_z^3 \end{vmatrix}$$

假设 $|J|\neq 0$，我们可以通过(10)求解出变量为关于参数 a 的函数：

$$x=x^*(a),\ y=y^*(a),\ z=z^*(a)$$

这些函数是 C^1，我们得到比较静态导数 $\mathrm{d}x^*/\mathrm{d}a$，$\mathrm{d}y^*/\mathrm{d}a$ 和 $\mathrm{d}z^*/\mathrm{d}a$，通过把它们代入(10)以及对恒等式求微分：

$$F^1\left(x^*(a),\ y^*(a),\ z^*(a),\ a\right)\equiv 0$$

$$F^2(x^*(a),\ y^*(a),\ z^*(a),\ a)\equiv 0$$

$$F^3(x^*(a),\ y^*(a),\ z^*(a),\ a)\equiv 0$$

得到：

$$F_x^1\left(\frac{\mathrm{d}x^*}{\mathrm{d}a}\right)+F_y^1\left(\frac{\mathrm{d}y^*}{\mathrm{d}a}\right)+F_z^1\left(\frac{\mathrm{d}z^*}{\mathrm{d}a}\right)+F_a^1=0$$

$$F_x^2\left(\frac{\mathrm{d}x^*}{\mathrm{d}a}\right)+F_y^2\left(\frac{\mathrm{d}y^*}{\mathrm{d}a}\right)+F_z^2\left(\frac{\mathrm{d}z^*}{\mathrm{d}a}\right)+F_a^2=0$$

$$F_x^3\left(\frac{\mathrm{d}x^*}{\mathrm{d}a}\right)+F_y^3\left(\frac{\mathrm{d}y^*}{\mathrm{d}a}\right)+F_z^3\left(\frac{\mathrm{d}z^*}{\mathrm{d}a}\right)+F_a^3=0$$

利用克莱默法则解出 $\mathrm{d}x^*/\mathrm{d}a$，$\mathrm{d}y^*/\mathrm{d}a$ 和 $\mathrm{d}z^*/\mathrm{d}a$。（注意，如果函数包含一个以上参数，我们通过对恰当的恒等式求关于相应参数的微分，可以得到关于任一参数的比较静态导数。）

所有的比较静态问题都一定程度上包含了这一方法的应用。在一些案例中，我们有明确的函数形式。然而在很多情况下，我们仅有一些关于函数特征的大概信息。函数的确切形式与经济属性依赖于特定的应用。我们将看到，$|J|\neq 0$ 的前提条件一般是由模型的经济假设所确定的。

注意：比较静态的方法由萨缪尔森（Samuelson，1947）完全发展并规范化。

第 6 章　采用显式解的比较静态分析

6.1　两类比较静态问题

所有的比较静态问题都涉及方程组中变量的解如何受到模型中参数值变化的影响研究。一般来说，这些方程组会以两种方式出现。在很多经济模型中，假设某个经济主体可能在一个或多个约束存在的情况下，最大化或最小化一个目标函数。在这类模型中，最大值或最小值的一阶必要与二阶充分条件定义并刻画了经济主体将作出的优化选择。在这一背景下进行的比较静态分析被称为**优化比较静态分析**。

然而，在其他一些经济模型中，并没有假设明确的优化行为。比如供给需求模型，里昂惕夫(Leontieff)投入产出模型，以及 IS-LM 宏观经济模型，在这类模型中，方程组确定了模型的均衡点位置。在这一背景下进行的比较静态分析被称为**均衡比较静态分析**。

我们的比较静态研究，可以通过重点聚焦于能够得到明确解的一系列模型应用来展开。在这些模型中，假设包含一个或更多任意参数值的特定函数形式。比较静态导数通过普通的微分就可以得到。在第 7 章，我们转向更为普遍且有用的比较静态分析形式，进一步取消对特定函数形式的假设，而是仅仅满足一些最小经济假设集合的一般函数形式。在这些一般函数模型中，第 5 章所讨论的隐式技术将最为有用。

6.2　均衡比较静态

应用 6.1

考虑一个市场，其供给—需求关系为：

$$p=a-bx \qquad \text{需求}$$

$$p=c+dx \qquad \text{供给}$$

其中，p 代表市场价格，而 x 代表数量。假设参数 a、b、c 以及 d 都严格为正。注意到，因为 $b>0$ 以及 $d>0$，需求曲线向下倾斜，而供给曲线向上倾斜，正符合我们的预期。通过设置需求与供给相等，计算市场均衡价格 p^* 以及数量 x^*，得到：

$$p^*=\frac{ad+bc}{b+d}$$

$$x^*=\frac{a-c}{b+d}$$

我们观察到，由于数量必须是非负的，模型只有在 $a\geqslant c$ 的情况下才有意义。最重要的是，注意到均衡价格 p^* 以及数量 x^* 是参数 a、b、c 以及 d 的函数。一般来说，a 和 b 的值是由一些诸如消费者收入，以及与 x 互补或替代的商品价格等因素决定的。c 和 d 的值则由投入要素价格以及技术水平等决定。其中任一因素的变化都会引起一个或更多参数值的变化，进而导致 p^* 和 x^* 的变化。这里的 8 个偏导数：

$$\frac{\partial p^*}{\partial a}=\frac{d}{b+d}>0,\ \frac{\partial p^*}{\partial b}=\frac{d(c-a)}{(b+d)^2}<0,$$

$$\frac{\partial p^*}{\partial c}=\frac{b}{b+d}>0,\ \frac{\partial p^*}{\partial d}=\frac{b(a-c)}{(b+d)^2}>0,$$

$$\frac{\partial x^*}{\partial a}=\frac{1}{b+d}>0,\ \frac{\partial x^*}{\partial b}=\frac{c-a}{(b+d)^2}<0,$$

$$\frac{\partial x^*}{\partial c}=\frac{-1}{b+d}<0,\ \frac{\partial x^*}{\partial d}=\frac{c-a}{(b+d)^2}<0,$$

就是这个模型的比较静态导数。它们展示了当模型参数变化时，均衡价格和均衡数量的变化方向（增加还是减少）以及变化率。

举个例子，假设参数 c 表示 x 的生产者必须支付给雇员的工资率。我们知道，一般来说，任何投入价格的增加都会使得企业的供给曲线向左移动。随后，我们发现，外生因素导致的工资率增加会提高均衡价格并减少相应的均衡数量，如图 6.1 所示。这反映了 $\partial p^*/\partial c>0$ 和 $\partial x^*/\partial c<0$ 的事实。

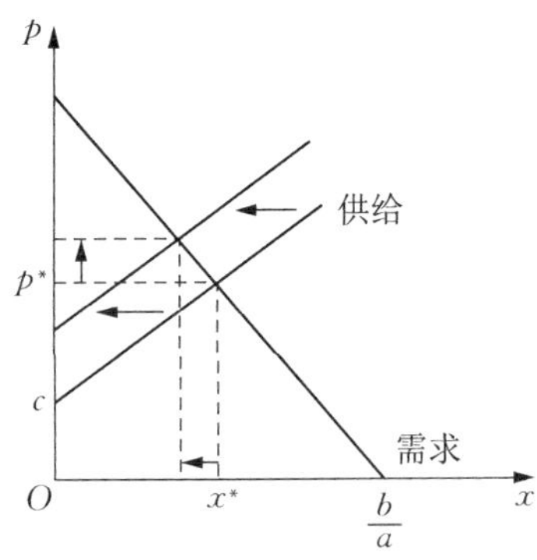

图 6.1

将这个模型应用到特定市场，有两个可检验的假设。第一，假设供给和需求的线性函数关系，a、b、c 和 d 的取值是多少？第二，更为一般地，对于供给和需求的线性函数关系假设是否有效？换句话说，二次式或其他函数形式能否更准确地反映市场的供给和需求？

6.3　无约束的比较静态优化

应用 6.2

考虑一家企业利用投入 x 生产产出 y，生产函数为 $y=Ax^{1/2}$，其中 $A>0$。A 代表除了 x 以外的所有决定 y 的影响因素。A 随着时间取值的变化反映了“技术进步”。一般来说，预期 A 会随着时间而增加。图 6.2 展示了 $A=1$ 和 $A=2$ 时的生产函数。

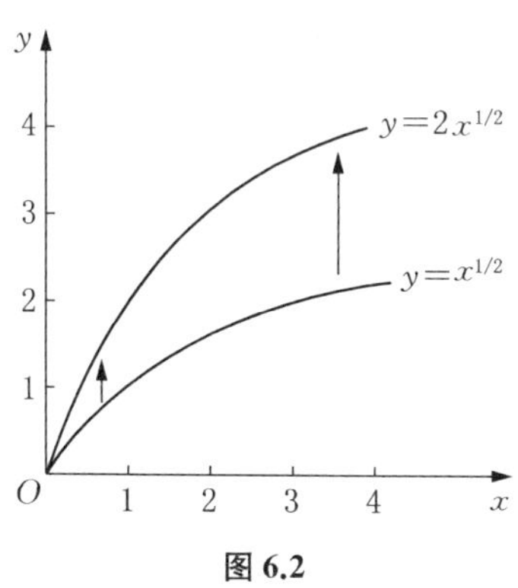

图 6.2

当 A 增加时，每一个 $x>0$ 值所代表的产出水平相应增加。

假设产出 y 的市场价格是 2 元每单位，而企业为每单位投入 x

支付 1 元。那么这个企业的利润函数就是 $\pi(x)=2Ax^{1/2}-x$。我们可以假设企业选择了投入水平 x^*，从而最大化利润。利润最大化的一阶必要条件是：

$$\pi'(x)=Ax^{-1/2}-1=0$$

求解 x 得到 $x^*=A^2$。注意到，因为当 $x=x^*$ 时，$\pi''(x)=-\left(\frac{1}{2}\right)\cdot Ax^{-3/2}<0$，$x^*=A^2$ 实际上代表了最大利润。

现在观察到，利润最大化的投入水平是关于参数 A 的一个函数，即 $x^*=A^2$。这个函数展示了最优投入水平是如何随着技术水平变化而变化的。因为比较静态导数 $dx^*/dA=2A>0$，我们观察到，在既有的投入和产出价格下，技术进步将使得企业投入更多的 x。图 6.3 中展示了当 $A=1$ 与 $A=2$ 时企业的利润函数。

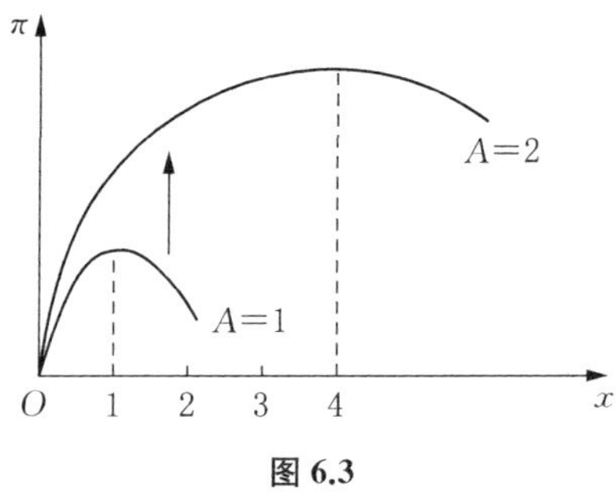

图 6.3

图 6.3 告诉我们，当 A 增加时，对于所有的 $x>0$，利润函数都向上移动。而且当 A 增加时，利润最大化的 x 水平增加：$x^*(1)=1$，$x^*(2)=4$。因此，该图反映了 $dx^*/dA>0$ 的事实。

应用 6.3

考虑一个垄断企业，通过两个独立的工厂生产产出 y。y_i 代表工厂 i 的产出水平，$i=1, 2$。对于工厂 1，其成本函数是 $c_1(y_1)=y_1^2$，而对于工厂 2，其成本函数则是 $c_2(y_2)=y_2^2/2$。在一个需求曲线为 $p=M-y$ 的市场中，对产出 $y=y_1+y_2$ 进行出售，其中 p 代表价格，M 代表消费者收入。我们进一步研究消费者收入的变化如何影响每个工厂利润最大化时的生产水平。

企业的总销售收入 $R=yp=yM-y^2$。因为 $y=y_1+y_2$，可以得到：

$$R=M(y_1+y_2)-y_1^2-2y_1y_2-y_2^2。$$

总生产成本是每个工厂的成本之和：$C=y_1^2+y_2^2/2$。因此，利润为：

$$\pi=M(y_1+y_2)-y_1^2-2y_1y_2-y_2^2-y_1^2-\frac{y_2^2}{2} \tag{1}$$

为了找到每个工厂的利润最大化生产水平，设式(1)的偏导数等于 0：

$$\pi_1=M-2y_1-2y_2-2y_1=0$$

$$\pi_2=M-2y_1-2y_2-y_2=0$$

这些等式表明，整体上，求解优化问题需要垄断企业每个工厂的边际成本等于边际收益，也就是，$MR=MC_1=MC_2$。同时求解得到，$y_1^*=M/8$ 和 $y_2^*=M/4$。得到相应的黑塞矩阵：

$$H=\begin{bmatrix}\pi_{11} & \pi_{12}\\ \pi_{21} & \pi_{22}\end{bmatrix}=\begin{bmatrix}-4 & -2\\ -2 & -3\end{bmatrix}$$

观察一下可以发现,因为$-4<0$以及$|H|=8>0$,点(y_1^*, y_2^*)确实代表了一个最大化利润。垄断企业的总产出是$y^*=y_1^*+y_2^*=3M/8$,其中$M/8$单位由工厂1生产,$M/4$单位由工厂2生产。进而得到,因为需求是$p=M-y$,当$y^*=3M/8$时,$p^*=5M/8$。

现在考虑M增加的影响。比较静态导数为:

$$\frac{\mathrm{d}y_1^*}{\mathrm{d}M}=\frac{1}{8}>0 \quad \frac{\mathrm{d}y_2^*}{\mathrm{d}M}=\frac{1}{4}>0$$

$$\frac{\mathrm{d}y^*}{\mathrm{d}M}=\frac{3}{8}>0 \quad \frac{\mathrm{d}p^*}{\mathrm{d}M}=\frac{5}{8}>0$$

因此,消费者收入的增加将提高每个工厂的产出水平和售价。同样地,观察后可以得出,工厂2的产出水平增加比工厂1更快。这是由于工厂2的边际成本增加相较于工厂1更慢所导致的。图6.4进行了解释。为了用图形描述利润最大化的情况,将两个工厂的边际成本曲线水平相加,得到图中的MC曲线。整体上,$MR=MC$的产出水平就是垄断企业利润最大化的产出水平。MC_1和MC_2曲线揭示了对于每个工厂来说最优的产出水平。注意$MC_1(y_1^*)=MC_2(y_2^*)=MR(y^*)$正是利润最大化所要求的。

为了解释M增加的影响,首先要注意的是,因为$R=yM-y^2$,所以$MR=M-2y$。因此,M的增加导致了MR向右平移,y^*,y_1^*和y_2^*增加。正如我们在计算$\mathrm{d}y_1^*/\mathrm{d}M$和$\mathrm{d}y_2^*/\mathrm{d}M$的基础上所推论的那样,图6.4中,对于给定的$M$增加,产出增长最多的是工厂2,其$MC$增加最慢。事实上,如果我们用$\Delta M>0$表示$M$的变化,然后使用$y_1^*$和$y_2^*$的公式,可以得到$\Delta y_1^*=\Delta M/8$和$\Delta y_2^*=\Delta M/4$。由

于 $\Delta M/4 > \Delta M/8$,可以得出 $\Delta y_2^* > \Delta y_1^*$。

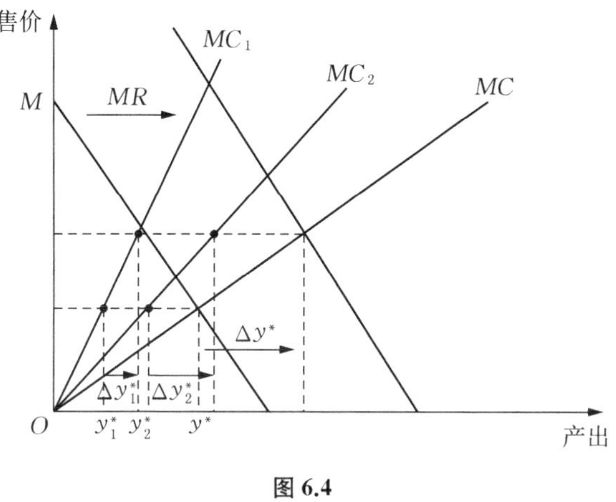

图 6.4

6.4　有约束的比较静态优化

应用 6.4

假设一个汽车轮胎生产企业生产两种等级的轮胎:A 和 B。企业可以每天生产 x_1(百个)数量的 A 轮胎以及 x_2(百个)数量的 B 轮胎,生产成本为:

$$C(x_1,\ x_2) = 3x_1^2 - 2x_1x_2 + x_2^2$$

进一步假设,不论两类轮胎的数量如何组合,工厂每天需按照合同生产轮胎总量 T,也就是,$x_1 + x_2 = T$。企业希望在最低成本的情况下履行合同,所以我们就要明确每一等级轮胎生产的最优产量。

首先建立拉格朗日函数:

$$L(x_1, x_2, \lambda)=3x_1^2-2x_1x_2+x_2^2+\lambda[T-x_1-x_2]。$$

对于有约束的 $C(x_1, x_2)$,其最小值的一阶必要条件是:

$$\begin{aligned} L_1 &= 6x_1-2x_2-\lambda=0 \\ L_2 &= -2x_1+2x_2-\lambda=0 \\ L_\lambda &= T-x_1-x_2=0 \end{aligned} \tag{2}$$

由于 $6x_1-2x_2=\partial C/\partial x_1$ 和 $-2x_1+2x_2=\partial C/\partial x_2$,(2)的前两个方程告诉我们,最优条件要求每个级别轮胎生产的边际成本相等。求解这个由三个方程和三个未知数构成的方程组,得到:

$$x_1^*=\frac{T}{3},\ x_2^*=\frac{2T}{3},\ \lambda^*=\frac{2T}{3}$$

为了确认我们已经找到了有约束的最小值解,设 $g(x_1, x_2)=T-x_1-x_2$,并构造有界黑塞矩阵:

$$H=\begin{bmatrix} L_{11} & L_{12} & g_1 \\ L_{21} & L_{22} & g_2 \\ g_1 & g_2 & 0 \end{bmatrix}=\begin{bmatrix} 6 & -2 & -1 \\ -2 & 2 & -1 \\ -1 & -1 & 0 \end{bmatrix}$$

因为 $|H|=-12<0$,对于有约束的最小值,在 $(x_1^*, x_2^*, \lambda^*)$ 满足二阶充分条件。

图 6.5 描述了这个企业成本最小化的问题。

合同要求企业须满足 $x_1+x_2=T$。企业的等成本曲线就是符合 $3x_1^2-2x_1x_2+x_2^2=$ 常数这一表达式的所有曲线。图 6.5 中,曲线向右上方移动时,成本增加。企业希望在与 $x_1+x_2=T$ 这条线有着一个公共点的最低等成本曲线上进行生产，该点为一个切点，位于图 6.5 的 (x_1^*, x_2^*)处。标为 C^0 的曲线就是经过成本最低点的等成本曲线。

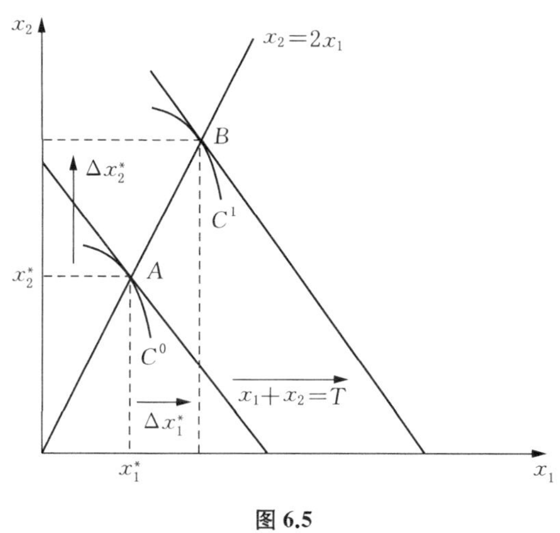

图 6.5

现在，因为 $x_1^*=T/3$，$x_2^*=2T/3$，我们观察到对于任何的 T 值，$x_2^*=2x_1^*$。这意味着企业成本最小化问题的解始终在直线 $x_2=2x_1$ 上。因此，合同轮胎数量的任何变化都会使企业沿着这条线扩大或收缩生产。比如，假设 T 增加，使得图 6.5 中的成本约束线向右移动，成本最小化点从点 A 移动到点 B。标为 C^1 的曲线就是经过新的最优点的等成本曲线。因为 $x_1^*=T/3$，$x_2^*=2T/3$，比较静态导数是：

$$\frac{\mathrm{d}x_1^*}{\mathrm{d}T}=1/3,$$

$$\frac{\mathrm{d}x_2^*}{\mathrm{d}T}=2/3。$$

这意味着如果 T 增加 $\Delta T>0$，$\Delta x_1^*=\Delta T/3$，$\Delta x_2^*=2\Delta T/3$。因此，额外新生产的轮胎中有三分之二是B等级轮胎，三分之一是A等级轮胎。

应用 6.5

考虑某消费者消费两种产品，分别为 x 和 y，其偏好可以用效用函数 $u(x,\ y)=\ln(x)+y$ 表示，其中 $\ln(\cdot)$表示自然对数函数。这个效用函数属于***拟线性函数***的一种，因为它是关于其中一种产品的线性函数。假设 x 的价格是 p，y 的价格是1，收入是 M。消费者在预算约束下，通过选择每种产品的消费数量来最大化效用，即：

$$\underset{x,\ y}{\text{Maximize}} \ln(x)+y$$
$$\text{s.t. } px+y=M$$

我们进一步考察，这些最优消费水平如何受到参数 M 变化的影响。

建立拉格朗日函数：

$$L(x,\ y,\ \lambda)=\ln(x)+y+\lambda[M-px-y]$$

对于 $u(x,\ y)$的有约束最大值，一阶必要条件为：

$$L_1=\frac{1}{x}-\lambda p=0$$
$$L_2=1-\lambda=0$$
$$L_\lambda=M-px-y=0$$

其中，当 $f(x)=\ln(x)$，$f'(x)=1/x$，解这个有三个方程和三个未知数的方程组，得到：

$$x^*=\frac{1}{p},\ y^*=M-1,\ \lambda^*=1$$

为了将这个点确定为 $g(x, y)=M-px-y=0$ 约束下的最大值点，建立有界的黑塞矩阵：

$$H=\begin{bmatrix} L_{11} & L_{12} & g_1 \\ L_{21} & L_{22} & g_2 \\ g_1 & g_2 & 0 \end{bmatrix}=\begin{bmatrix} -1/x^2 & 0 & -p \\ 0 & 0 & -1 \\ -p & -1 & 0 \end{bmatrix}。$$

现在，$|H|=1/x^2$，求在点 x^* 的取值得到 $|H|=p^2>0$。因此，点 (x^*, y^*, λ^*) 满足有约束最大值的二阶充分条件。

函数 x^* 和 y^* 都是这个消费者的***马歇尔需求函数***（Marshallian Demand Function），一般是通过价格和收入反映效用最大化的消费决策。不过在这个特定例子中，我们发现消费者对于 x 的需求独立于 M（收入），而对于 y 的需求独立于 x 的价格。我们将在第 8 章讨论拉格朗日乘数的意义。

图 6.6 对消费者效用最大化问题进行了解释。

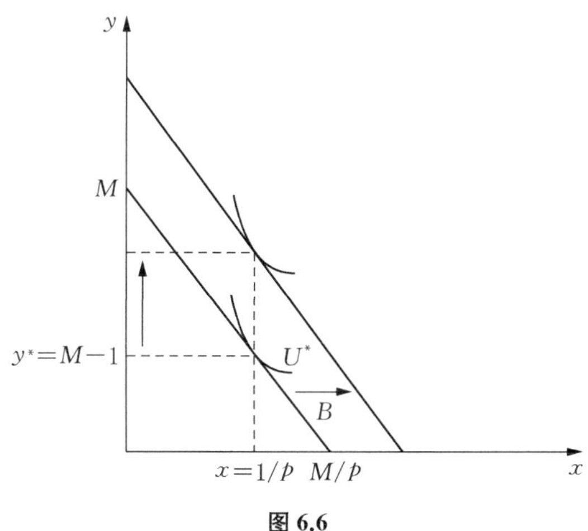

图 6.6

对于任意预算线 B，消费者希望位于和预算线 B 有一个公共点的最高无差异曲线上。正如同应用 6.4 中的情况，切点是这个问题的解。标为 U^* 的无差异曲线经过效用最大点。

现在参数 M 的增加使得预算线向右平行移动，来到一个新的效用最大点。因为 x^* 并不取决于 M，x^* 不会改变。由于 $y^*=M-1$，我们有 $\Delta y^*=\Delta M$，也就是说，所有的额外收入都花费在 y 上。

当对某种商品 x 在某人的总预算中占比很小的情形进行分析时，这个模型尤其有用。此时，另一种商品 y，可以被看作是花费在除 x 以外所有商品上的钱。举例来说，假设 $x=$牙膏，如果一个消费者经历了一次收入增加，那么很可能他对于牙膏的消费保持与原先一致，而把额外的收入花费在其他商品上。相反，如果 x 代表一个在总预算中占比更明显的项目，比如娱乐、食品或服装，那么拟线性模型反映的消费者行为可能并不准确。如果收入水平上升，很多人将会增加这些项目上的消费。

练　习

1. 考虑一个市场，需求和供给函数为：

$$p=M-x \qquad \text{需求}$$

$$p=\frac{x}{2} \qquad \text{供给}$$

其中，M 代表消费者收入。

a. 假设 $M\geqslant p$，绘制供给与需求曲线。

b. 计算均衡价格 p^* 和产量 x^*。M 的变化如何影响均衡价格和均衡产量?

c. 用图形解释 M 增加所产生的影响。

2. 一艘船在两个港口 A 和 B 之间行驶。每小时运行船的成本是 $C=w+v^n$，其中 $w>0$ 表示船员的工资，v 代表船的水中行驶速度，并且 $n>1$。行程以最小成本进行。

a. 使用(速度)×(时间)＝距离来证明成本最小的速度是:

$$v^*=\left(\frac{w}{n-1}\right)^{1/n}$$

b. v^* 是如何被 w 的一个外生变化所影响的?

3. 考虑一个垄断企业，其需求曲线是 $p=a-by$，其中，y 表示数量，a 和 b 都是正的常数。垄断企业的平均可变成本是 $AVC=c$，固定成本是 $F\geqslant 0$。

a. 垄断企业的利润函数是什么?

b. 确定利润最大化的数量 y^* 和与之相应的价格 p^*。

c. 如果 c 增加，p^* 和 y^* 如何被影响?

d. 请用图形分析说明。

4. 考虑一个垄断企业，其需求和成本函数分别是:

$$p=a-by,\ C=cy+F$$

其中，a、b、c、F 均大于 0，并且 y 表示产出。假设政府向每单位的生产和卖出的产品征收 t 元的税。

a. 写出企业的利润函数(税后)。

b. 写出利润最大的产出水平 y^* 和相应的价格 p^*。

c. 当税收参数(t)提高时,y^* 和 p^* 会受到怎样的影响?

d. 请用 MR、MC 和需求的曲线来作图解释。

5. 一个农民用 F 米的篱笆来围建一个长方形的菜园,他希望菜园面积尽可能的大。

a. 计算菜园的最优面积。

b. 如果农民获得了额外 1.2 米的篱笆,那么围建时每一边应延长多少?

6. 假设一个企业通过单一的投入 x 生产两种产品,y_1 和 y_2,生产函数为 $x=y_1^2+y_2^2$。竞争性的产出价格分别是 p_1 和 p_2。投入 x 的价格是 w,意味着企业的总成本是 wx。

a. 确定企业的利润函数 $\pi(y_1, y_2)$。

b. 计算利润最大化的投入和产出水平 x^*,y_1^* 和 y_2^*。

c. 当 p_1,p_2 和 w 变化时,问题 b 中的这些最优值如何受到影响?

d. 当 w 增加时,企业的投入需求是否减少?

7. 考虑一个企业投入 x_1 和 x_2,生产一种产品 y,生产函数为:

$$y=\sqrt{x_1x_2}$$

投入价格分别是 w_1 和 w_2,并且企业有 C 元的固定预算。企业希望在 $w_1x_1+w_2x_2=C$ 的预算约束下最大化产出。

a. 计算企业的投入需求函数 $x_1^*(w_1, w_2, C)$ 和 $x_2^*(w_1, w_2, C)$。它们是如何被 w_1,w_2 和 C 的变化影响的?

b. 设 y^* 代表相应的产出水平。y^* 是如何被 w_1，w_2 和 C 的变化影响的?

8. 一家企业采用投入 x 在两家不同的工厂生产产出 y,其生产函数为 $y_1=x_1/2$ 和 $y_2=\sqrt{x_2}$,其中,x_i 代表工厂 i 使用的投入数量,而 y_i 代表工厂 i 生产的产出数量,$i=1, 2$。该企业有$\bar{x}$单位的投入,可以分配给其中任一工厂:$x_1+x_2=\bar{x}$。企业追求总产出水平 y_1+y_2 的最大化。

a. 假设$\bar{x}>1$,确定工厂间的最优投入分配。

b. 当投入 x 变得更加充裕时(也就是当$\bar{x}$增加时),其分配会如何变化? 请解释为什么会出现这种情况。

第 7 章　一般函数模型中的比较静态分析

7.1　一般函数模型介绍

在第 6 章中,我们讨论了一系列应用,其中,变量的均衡值或最优值可以用参数明确地表示出来。在这些模型中,采用普通(偏)微分就足以得出模型的比较静态特征。虽然这些具有显式解的模型确实体现了比较静态分析的本质,但它们的价值有限,因为它们的比较静态特征仅仅与一系列特定的函数形式有关。

本章中,我们开始对一般函数模型展开研究。这里,比较静态导数无法通过显式解的微分获得,因此,第 2 章中的隐式方法必须被应用。在基于显式最大值或最小值假设的模型中,所有的比较静态结果都是通过检验优化假设含义的集合得到的。这些含义的集合即是由模型所产生的可检验的假说,因为它们通常隐含了可观测数据的限制。

7.2　均衡比较静态

应用 7.1

考虑一个商品 x 的市场,其需求和供给函数分别是:

$$x^D = D(p, M) \qquad 需求$$

$$x^S = S(p) \qquad 供给$$

其中，p 代表市场价格，M 代表消费者收入。需求和供给函数，假设为 C^1 函数，满足 $D_p(p, M) < 0$ 和 $S'(p) > 0$，反映了一个普遍事实，即需求曲线向下倾斜，供给曲线向上倾斜。关于经济术语的符号，我们用 D_P 表示 $D_P(p, M)$，用 S' 表示 $S'(p)$。假设对于任何 M 值，这个市场都存在一个均衡。我们进一步检验外生给定的参数 M 的变化是如何影响均衡价格和均衡数量的。

令 $F^1(x, p, M) = x - D(p, M)$，以及 $F^2(x, p, M) = x - S(p)$。这个市场中的均衡条件将恰好被满足，此时，

$$\begin{aligned} F^1(x, p, M) &= x - D(p, M) = 0 \\ F^2(x, p, M) &= x - S(p) = 0 \end{aligned} \tag{1}$$

在这个案例中，有 $D(p, M) = x = S(p)$。我们所感兴趣的是，通过参数 M 来求解这个方程组的均衡数量和均衡价格：

$$x = x^*(M)$$

$$p = p^*(M)$$

隐函数定理告诉我们，(1)可以定义均衡价格和均衡数量，正如包含 M 的可微分函数所表述的那样，

$$|J| = \begin{vmatrix} F_x^1 & F_p^1 \\ F_x^2 & F_p^2 \end{vmatrix} \neq 0。$$

现在，通过(1)，我们得到 $F_x^1 = 1$，$F_p^1 = -D_p$，$F_x^2 = 1$，以及 $F_p^2 = -S'$。因此，

$$|J| = \begin{vmatrix} 1 & -D_p \\ 1 & -S' \end{vmatrix} = D_p - S' < 0$$

其中,$S'>0$ 以及 $D_p<0$。这样,通过隐函数定理,函数 $x=x^*(M)$ 和 $p=p^*(M)$不仅存在,而且是可微分的,满足以下恒等式:

$$F^1\left(x^*(M),\ p^*(M),\ M\right)=x^*(M)-D\left(p^*(M),\ M\right)\equiv 0$$

$$F^2\left(x^*(M),\ p^*(M),\ M\right)=x^*(M)-S\left(p^*(M)\right)\equiv 0$$

比较静态导数就可以通过求这些恒等式关于 M 的微分得到:

$$\left(\frac{\mathrm{d}x^*}{\mathrm{d}M}\right)-D_p\left(\frac{\mathrm{d}p^*}{\mathrm{d}M}\right)-D_M=0$$

$$\left(\frac{\mathrm{d}x^*}{\mathrm{d}M}\right)-S'\left(\frac{\mathrm{d}p^*}{\mathrm{d}M}\right)=0$$

对方程组应用克莱默法则,

$$\left(\frac{\mathrm{d}x^*}{\mathrm{d}M}\right)-D_p\left(\frac{\mathrm{d}p^*}{\mathrm{d}M}\right)=D_M$$

$$\left(\frac{\mathrm{d}x^*}{\mathrm{d}M}\right)-S'\left(\frac{\mathrm{d}p^*}{\mathrm{d}M}\right)=0$$

得到:

$$\frac{\mathrm{d}x^*}{\mathrm{d}M}=\frac{\begin{vmatrix} D_M & -D_p \\ 0 & -S' \end{vmatrix}}{\begin{vmatrix} 1 & -D_p \\ 1 & -S' \end{vmatrix}}=\frac{-S'\cdot D_M}{D_p-S'} \tag{2}$$

$$\frac{\mathrm{d}p^*}{\mathrm{d}M}=\frac{\begin{vmatrix} 1 & D_M \\ 1 & 0 \end{vmatrix}}{\begin{vmatrix} 1 & -D_p \\ 1 & -S' \end{vmatrix}}=\frac{-D_M}{D_p-S'} \tag{3}$$

这就是模型的比较静态导数。值得注意的是，$|J|=D_p-S'\neq 0$，因而这些导数是被确切定义的。所以，模型的经济结构，也就是这个应用里的供给需求均衡法则，确保了比较静态导数能够被正确定义。

目前为止，我们都没有就需求对于收入变化的响应的性质（也就是 D_M 的符号）进行任何假设。当 $D_M>0$ 时，商品被称为正常商品。在这种情况下，收入的增加会使得需求曲线向右移动。如果 $D_M<0$，那么这种商品就是劣质商品。观察到如果这个商品是正常商品，使用式(2)和式(3)，我们有：

$$\frac{\mathrm{d}p^*}{\mathrm{d}M}>0 \text{ 和} \frac{\mathrm{d}x^*}{\mathrm{d}M}>0$$

因为在这个案例中，$D_M>0$。所以，比较静态导数告诉我们，如果所讨论的商品是正常商品，那么消费者收入的增加将导致均衡价格和均衡数量的上升，正如图 7.1 所演示的那样。

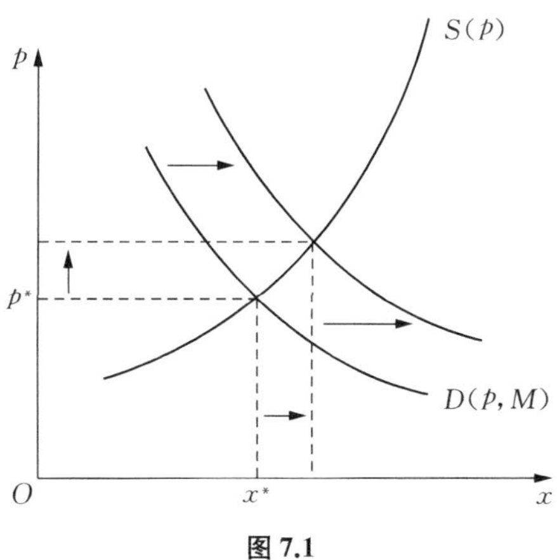

图 7.1

[如果商品是劣质商品(也就是 $D_M<0$),则收入的增加会使得需求曲线向左移动,从而降低均衡价格和均衡数量。]我们需要重视的一点是,正是这个模型的基础特征——倾斜向下的需求($D_p<0$)和倾斜向上的供给($S'>0$),以及正常商品($D_M>0$),使我们得到了收入的增加必然会提高均衡价格这一结论。至于需求和供给的函数形式,我们并没有进行任何假设。因此,这个模型相较于第 6 章所讨论的线性模型更具普适性。

7.3 无约束的比较静态优化

应用 7.2

考虑一家企业投入劳动力 x 生产产出 y。单位劳动力价格即工资率(外生决定)用 w 表示。企业的成本函数 $C(w, y)$ 给出了当工资率为 w 时,生产 y 数量产出水平的*最小成本*。企业的边际成本是 $C_y(w, y)$,用 $MC(w, y)$ 来表示,而平均成本是 $C(w, y)/y$,用 $AC(w, y)$ 表示。我们假设 $MC(w, y)$ 和 $AC(w, y)$ 是 C^1。显而易见的是,当 $MC<AC$ 时,AC 是一个关于 y 的减函数,当 $MC>AC$ 时,AC 是一个关于 y 的增函数。通常情况下,一家企业的平均成本曲线是 U 型的,正如图 7.2 所示。

与图 7.2 一致,我们假设 $MC_y>0$,也就是说,边际成本是关于产出水平的增函数。上述的边际成本和平均成本的关系表明,在 AC 最低的产出水平处,$MC=AC$。

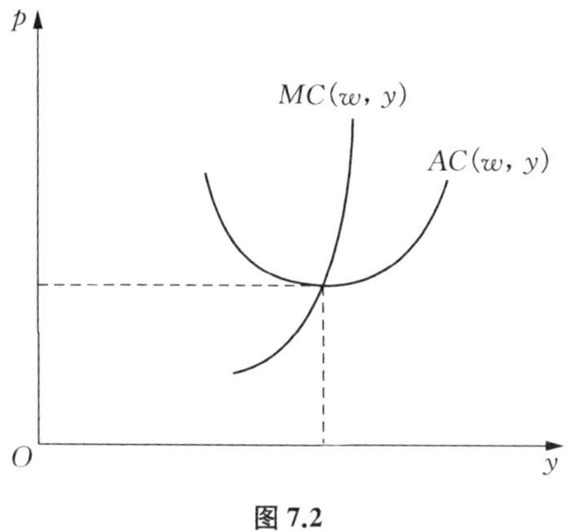

图 7.2

通常而言，AC 达到最小值时的产出水平，是一个十分重要的点。的确，根据微观经济理论，我们知道，一个完全竞争市场的长期均衡状态，意味着每个企业都是在 AC 最小时的生产水平进行生产。在这个应用中，我们将检验这一产出水平是如何受到 w 变化的影响的。

一般而言，w 的增加会使得平均成本和边际成本曲线上移。因此，我们可以假设 $AC_w>0$ 以及 $MC_w>0$。那么，平均成本最小时的产出水平满足：

$$MC(w,\ y)=AC(w,\ y) \tag{4}$$

定义 $F(w,\ y)=MC(w,\ y)-AC(w,\ y)$。对于 w 的任意取值，满足 $F(w,\ y)=0$ 时的产出水平，就是 AC 取得最小值的产出水平。我们希望使用如下方程求解用参数 w 表示的产出水平：$y=y^*(w)$。

隐函数定理告诉我们，只要 $F_y\neq 0$，平均成本最低的产出水平是关于 w 的可微分函数。现在，$F_y=MC_y-AC_y$。由于平均成本最小时，$AC_y=0$，我们有 $F_y=MC_y>0$，因此，隐函数定理的假设前提是满足的。由此,式(4)的产出水平解可以表示为一个关于 w 的可微分函数,$y=y^*(w)$。而且这个函数满足恒等式,$F(w, y^*(w))\equiv 0$,或者等价表示为,

$$MC(w, y^*(w))\equiv AC(w, y^*(w))。$$

求关于 w 的微分得到,

$$MC_w+MC_y\cdot\frac{\mathrm{d}y^*}{\mathrm{d}w}=AC_w+AC_y\cdot\frac{\mathrm{d}y^*}{\mathrm{d}w}$$

基于平均成本最小时,$AC_y=0$ 的事实,比较静态导数是:

$$\frac{\mathrm{d}y^*}{\mathrm{d}w}=\frac{AC_w-MC_w}{MC_y}$$

因为根据假设,$MC_y>0$。当 $AC_w>MC_w$ 时,$\mathrm{d}y^*/\mathrm{d}w>0$,当 $AC_w<MC_w$ 时,$\mathrm{d}y^*/\mathrm{d}w<0$。$AC_w$ 和 MC_w 分别衡量了当 w 增加时,AC 和 MC 各自的(边际)增加。如果 $AC_w>MC_w$,AC 曲线向上移动并且比 MC 曲线的移动幅度更大,因此 y^* 增加,如图 7.3 所示。

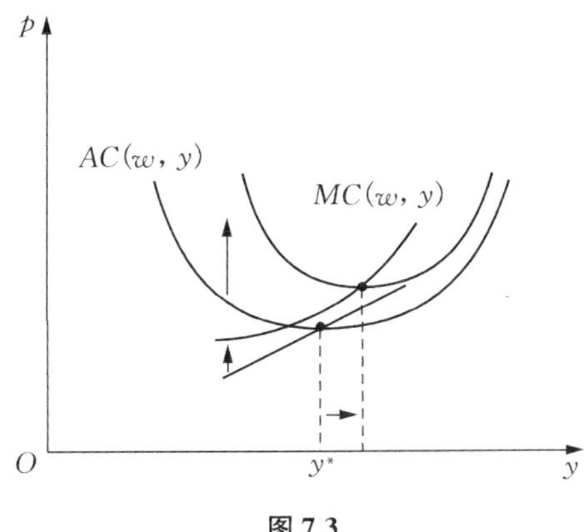

图 7.3

注意：如果 $AC_w = MC_w$，AC 和 MC 垂直移动相同的距离。在这个案例中，可以通过严谨的几何证明得出，$AC = MC$ 时的产出水平保持不变。

应用 7.3

考虑一家垄断企业通过两个独立的工厂生产产出 y。每个工厂的成本函数分别是 $c_1(y_1)$以及 $c_2(y_2)$。其中，y_i 代表工厂 i 的产出水平，$i=1, 2$。假设这些成本函数是 C^2，并且满足对于所有 $y_i \geqslant 0$，有 $c_i' > 0$ 和 $c_i'' > 0$，$i=1, 2$。在一个需求函数为 $p(y)$的市场中，销售产出 $y = y_1 + y_2$。其中，p 代表价格。企业的总收益是 $R(y) = p(y) \cdot y$。我们假设 R 也是 C^2，并且对于所有的 $y \geqslant 0$，满足 $R' > 0$ 以及 $R'' < 0$。

假设政府对于每单位的产出征收 t 美元的销售税，那么：

$$\pi = R(y_1 + y_2) - c_1(y_1) - c_2(y_2) - t \cdot (y_1 + y_2) \tag{5}$$

在这个应用中，我们检验税率 t 的变化是如何影响每个工厂的利润最大化产出水平的。

设式(5)的偏导数等于0，我们得到：

$$\begin{aligned} R'(y) - c_1'(y_1) - t = 0 \\ R'(y) - c_2'(y_2) - t = 0 \end{aligned} \tag{6}$$

因此，利润最大化要求整个垄断企业的税后边际收入必须等于每个工厂的边际成本。现在，构建黑塞矩阵：

$$H = \begin{bmatrix} R'' - c_1'' & R'' \\ R'' & R'' - c_2'' \end{bmatrix}$$

假设二阶充分条件成立,这就要求在(6)成立的点上有 $R''-c_1''<0$ 和 $|H|>0$。

现在,定义

$$F^1(y_1, y_2, t)=R'(y_1+y_2)-c_1'(y_1)-t$$

以及

$$F^2(y_1, y_2, t)=R'(y_1+y_2)-c_2'(y_2)-t$$

当(7)成立时,利润恰好最大化:

$$\begin{aligned} F^1(y_1, y_2, t)&=0 \\ F^2(y_1, y_2, t)&=0 \end{aligned} \tag{7}$$

假设二阶条件成立。我们希望的是,根据税收参数来求解利润最大化产出水平的方程组:

$$\begin{aligned} y_1&=y_1^*(t) \\ y_2&=y_2^*(t) \end{aligned}$$

根据隐函数定理,只要以下条件成立,(7)就可以将利润最大化的产出水平定义为关于 t 的可微分函数,

$$|J|=\begin{vmatrix} F_1^1 & F_2^1 \\ F_1^2 & F_2^2 \end{vmatrix}\neq 0。$$

现在,使用 F 和 G 的定义,我们有:

$$\begin{aligned} F_1^1&=R''-c_1'' & F_2^1&=R'' \\ F_1^2&=R'' & F_2^2&=R''-c_2'' \end{aligned}$$

因此，

$$|J|=\begin{vmatrix} R''-c_1'' & R'' \\ R'' & R''-c_2'' \end{vmatrix}>0$$

就是二阶条件的一个结果。这一结论反映了一个极为重要的普遍规律:在一个基于优化的模型中,如果一阶必要条件和二阶充分条件在特定点得到满足,那么原则上就可以通过一阶必要条件来解出变量的最优值,将它们表示为参数的可微分函数。

因为$|J|\neq 0$,隐函数定理确保了函数 $y_1=y_1^*(t)$ 以及 $y_2=y_2^*(t)$存在,且是可微分的,满足恒等式:

$$F^1\big(y_1^*(t),\ y_2^*(t),\ t\big)=R'\big(y_1^*(t)+y_2^*(t)\big)-c_1'\big(y_1^*(t)\big)-t\equiv 0$$

$$F^2\big(y_1^*(t),\ y_2^*(t),\ t\big)=R'\big(y_1^*(t)+y_2^*(t)\big)-c_2'\big(y_2^*(t)\big)-t\equiv 0$$

为了得到比较静态导数$\frac{\mathrm{d}y_1^*}{\mathrm{d}t}$和$\frac{\mathrm{d}y_2^*}{\mathrm{d}t}$,求这些恒等式关于 t 的微分:

$$R''\cdot\left(\frac{\mathrm{d}y_1^*}{\mathrm{d}t}+\frac{\mathrm{d}y_2^*}{\mathrm{d}t}\right)-c_1''\cdot\frac{\mathrm{d}y_1^*}{\mathrm{d}t}-1=0$$

$$R''\cdot\left(\frac{\mathrm{d}y_1^*}{\mathrm{d}t}+\frac{\mathrm{d}y_2^*}{\mathrm{d}t}\right)-c_2''\cdot\frac{\mathrm{d}y_2^*}{\mathrm{d}t}-1=0$$

整理后得到:

$$\frac{\mathrm{d}y_1^*}{\mathrm{d}t}\cdot(R''-c_1'')+\frac{\mathrm{d}y_2^*}{\mathrm{d}t}\cdot(R'')=1$$

$$\frac{\mathrm{d}y_1^*}{\mathrm{d}t}\cdot(R'')+\frac{\mathrm{d}y_2^*}{\mathrm{d}t}\cdot(R''-c_2'')=1$$

使用克莱默法则，同时因为$|J|>0$，我们有：

$$\frac{\mathrm{d}y_1^*}{\mathrm{d}t}=\frac{\begin{vmatrix}1 & R'' \\ 1 & R''-c_2''\end{vmatrix}}{\begin{vmatrix}R''-c_1'' & R'' \\ R'' & R''-c_2''\end{vmatrix}}=\frac{-c_2''}{|J|}<0$$

以及

$$\frac{\mathrm{d}y_2^*}{\mathrm{d}t}=\frac{\begin{vmatrix}R''-c_1'' & 1 \\ R'' & 1\end{vmatrix}}{\begin{vmatrix}R''-c_1'' & R'' \\ R'' & R''-c_2''\end{vmatrix}}=\frac{-c_1''}{|J|}<0$$

所以我们观察到，税率的增加将导致每个工厂产出水平的减少。同样注意到，当且仅当$c_2''>c_1''$时，$|\mathrm{d}y_1^*/\mathrm{d}t|>|\mathrm{d}y_2^*/\mathrm{d}t|$。这意味着当税率增加时，边际成本增加最快的工厂将面临最大程度的减产。

7.4 有约束的比较静态优化

应用 7.4

在例如应用 6.5 所讨论的消费者行为模型中，消费者收入被假设为由外生因素决定，也就是说，它作为一个参数进入效用最大化问题，我们用 M 表示。然而，在一般均衡分析中，消费者往往被假设为拥有商品的*初始禀赋*，这些就是消费者“带到市场”的商品数量，在市场上他/她可以自由地以市场价格购买或出售。他/她的“收入”就是他/她的禀赋的市场价值，因此取决于价格的数值。预算约束要求他/她所购买商品的市场价值等于他/她所拥有禀赋的市场价值。

在这个应用中，我们研究当收入由禀赋决定时的效用最大化。我们假设有两种商品 x 和 y，消费者效用符合可加可分的效用函数(additively separable utility function)：

$$U(x,\ y)=u_1(x)+u_2(y)$$

其中 $u'_1>0,\ u''_1<0,\ i=1,\ 2$，因此，边际效用被假设为是增函数但是增加的速度逐渐减小。在实证研究中，经常使用可加可分的效用函数来描述消费者效用。

消费者有一个禀赋向量$(\bar{x},\ \bar{y})$，其中$\bar{x}>0,\ \bar{y}>0$。x 和 y 的市场价格分别是 p 和 q，消费者在 $px+qy=p\bar{x}+q\bar{y}$的约束下来进行决策：

$$\underset{x,\ y}{\text{Maximize}}\, u_1(x)+u_2(y)$$

我们进一步研究效用最大化的消费决策如何受到禀赋参数$\bar{x}$值变化的影响。

建立拉格朗日函数：

$$L(x,\ y,\ \lambda)=u_1(x)+u_2(y)+\lambda(p\bar{x}+q\bar{y}-px-qy)$$

有约束的效用最大值的一阶必要条件是：

$$L_x=u'_1(x)-\lambda p=0$$

$$L_y=u'_2(y)-\lambda q=0$$

$$L_\lambda=p\bar{x}+q\bar{y}-px-qy=0$$

现在,令 $g(x, y)=p\bar{x}+q\bar{y}-px-qy$,建立黑塞矩阵:

$$H=\begin{bmatrix} L_{11} & L_{12} & g_1 \\ L_{21} & L_{22} & g_2 \\ g_1 & g_2 & 0 \end{bmatrix}=\begin{bmatrix} u_1'' & 0 & -p \\ 0 & u_2'' & -q \\ -p & -q & 0 \end{bmatrix} \tag{8}$$

因为$|H|=-q^2u_1''-p^2u_2''>0$,在式(8)成立的任意点上,有约束最大值的二阶充分条件得到满足。

现在定义:

$$F^1(x, y, \lambda, \bar{x})=u_1'(x)-\lambda p$$

$$F^2(x, y, \lambda, \bar{x})=u_2'(y)-\lambda q$$

和

$$F^3(x, y, \lambda, \bar{x})=p\bar{x}+q\bar{y}-px-qy$$

在预算约束下,效用的最大化刚好发生在:

$$F^1(x, y, \lambda, \bar{x})=0$$

$$F^2(x, y, \lambda, \bar{x})=0 \tag{9}$$

以及

$$F^3(x, y, \lambda, \bar{x})=0$$

对于这个方程组,我们希望使用禀赋参数$\bar{x}$,来解出效用最大时的消费水平以及拉格朗日乘数,即:

$$x=x^*(\bar{x})$$

$$y=y^*(\bar{x})$$

$$\lambda=\lambda^*(\bar{x})$$

通过隐函数定理,只要以下条件成立,(9)就可以定义这些函数,

$$|J|=\begin{vmatrix} F_x^1 & F_y^1 & F_\lambda^1 \\ F_x^2 & F_y^2 & F_\lambda^2 \\ F_x^3 & F_y^3 & F_\lambda^3 \end{vmatrix}\neq 0$$

现在,使用 F^1、F^2 和 F^3 的定义,我们有:

$$F_x^1=u_1'' \qquad F_y^1=0 \qquad F_\lambda^1=-p$$

$$F_x^2=0 \qquad F_y^2=u_2'' \qquad F_\lambda^2=-q$$

$$F_x^3=-p \qquad F_y^3=-q \qquad F_\lambda^3=0$$

因此,

$$|J|=\begin{vmatrix} u_1'' & 0 & -p \\ 0 & u_2'' & -q \\ -p & -q & 0 \end{vmatrix}>0$$

就是一个二阶条件的结果,应用7.3中的做法也适用于有约束优化的情况:如果在特定点上满足一阶必要条件和二阶充分条件,则可以通过对一阶条件求解,解出变量的最优值,表示为参数的可微分函数。

因为 $|J|\neq 0$,隐函数定理确保了函数 $x=x^*(\bar{x})$、$y=y^*(\bar{x})$、$\lambda=\lambda^*(\bar{x})$ 存在且可微分,同时满足恒等式:

$$F^1\big(x^*(\bar{x}),\ y^*(\bar{x}),\ \lambda^*(\bar{x}),\ \bar{x}\big)=u_1'\big(x^*(\bar{x})\big)-\lambda^*(\bar{x})p\equiv 0$$

$$F^2\big(x^*(\bar{x}),\ y^*(\bar{x}),\ \lambda^*(\bar{x}),\ \bar{x}\big)=u_2'\big(y^*(\bar{x})\big)-\lambda^*(\bar{x})q\equiv 0$$

$$F^3\big(x^*(\bar{x}),\ y^*(\bar{x}),\ \lambda^*(\bar{x}),\ \bar{x}\big)=p\bar{x}+q\bar{y}-px^*(\bar{x})-qy^*(\bar{x})\equiv 0$$

为了得到比较静态导数 $\mathrm{d}x^*/\mathrm{d}\bar{x}$，$\mathrm{d}y^*/\mathrm{d}\bar{x}$ 以及 $\mathrm{d}\lambda^*/\mathrm{d}\bar{x}$，求以上恒等式关于$\bar{x}$的导数：

$$u''_1 \cdot \frac{\mathrm{d}x^*}{\mathrm{d}\bar{x}} - p \cdot \frac{\mathrm{d}\lambda^*}{\mathrm{d}\bar{x}} = 0$$

$$u''_2 \cdot \frac{\mathrm{d}y^*}{\mathrm{d}\bar{x}} - q \cdot \frac{\mathrm{d}\lambda^*}{\mathrm{d}\bar{x}} = 0$$

$$p - p \cdot \frac{\mathrm{d}x^*}{\mathrm{d}\bar{x}} - q \cdot \frac{\mathrm{d}y^*}{\mathrm{d}\bar{x}} = 0$$

按照这个方程组的结构，进行重新整理后，我们有：

$$u''_1 \cdot \left(\frac{\mathrm{d}x^*}{\mathrm{d}x}\right) + 0 \cdot \left(\frac{\mathrm{d}y^*}{\mathrm{d}\bar{x}}\right) - p \cdot \left(\frac{\mathrm{d}\lambda^*}{\mathrm{d}x}\right) = 0$$

$$0 \cdot \left(\frac{\mathrm{d}x^*}{\mathrm{d}x}\right) + u''_2 \cdot \left(\frac{\mathrm{d}y^*}{\mathrm{d}\bar{x}}\right) - q \cdot \left(\frac{\mathrm{d}\lambda^*}{\mathrm{d}x}\right) = 0$$

$$-p \cdot \left(\frac{\mathrm{d}x^*}{\mathrm{d}\bar{x}}\right) - q \cdot \left(\frac{\mathrm{d}y^*}{\mathrm{d}\bar{x}}\right) + 0 \cdot \left(\frac{\mathrm{d}\lambda^*}{\mathrm{d}\bar{x}}\right) = -p$$

利用克莱默法则，我们得到比较静态导数：

$$\frac{\mathrm{d}x^*}{\mathrm{d}\bar{x}} = \frac{\begin{vmatrix} 0 & 0 & -p \\ 0 & u''_2 & -q \\ -p & -q & 0 \end{vmatrix}}{\begin{vmatrix} u''_1 & 0 & -p \\ 0 & u''_2 & -q \\ -p & -q & 0 \end{vmatrix}} = \frac{-p^2 \cdot u''_2}{|J|} > 0$$

$$\frac{\mathrm{d}y^*}{\mathrm{d}\bar{x}}=\frac{\begin{vmatrix} u_1'' & 0 & -p \\ 0 & 0 & -q \\ -p & -p & 0 \end{vmatrix}}{\begin{vmatrix} u_1'' & 0 & -p \\ 0 & u_2'' & -q \\ -p & -q & 0 \end{vmatrix}}=\frac{-p\cdot q\cdot u_1''}{|J|}>0$$

以及

$$\frac{\mathrm{d}\lambda^*}{\mathrm{d}\bar{x}}=\frac{\begin{vmatrix} u_1'' & 0 & 0 \\ 0 & u_2'' & 0 \\ -p & -q & -p \end{vmatrix}}{\begin{vmatrix} u_1'' & 0 & -p \\ 0 & u_2'' & -q \\ -p & -q & 0 \end{vmatrix}}=\frac{-p\cdot u_1''\cdot u_2''}{|J|}<0$$

因为$|J|>0$,我们可以判断出比较静态导数的符号。可见,$\bar{x}$的增加会使得x和y的消费增加(这里又出现了$\mathrm{d}\lambda^*/\mathrm{d}\bar{x}$,我们将会在第8章讨论比较静态导数$\mathrm{d}\lambda^*/\mathrm{d}\bar{x}$的重要性)。

图7.4对这个模型进行了说明。

禀赋由点E表示。图7.4中描述了在消费者卖出$(\bar{x}-x^*)$单位的x和购买$(y^*-\bar{y})$额外单位的y的情况。用u^*来表示经过效用最大化点的无差异曲线。如果商品x的禀赋增加,那么新的禀赋点是E'。预算线也因此向右平行移动。由于$\mathrm{d}x^*/\mathrm{d}\bar{x}>0$, $\mathrm{d}y^*/\mathrm{d}\bar{x}>0$,效用最大化的$x$与$y$的消费水平都上升。[注意:点$(x^*, y^*)$可以沿着初始预算线在$E$的右下侧。如果是这种情况,消费者其实是在卖出$y$,购买$x$。但是,$\bar{x}$的增加仍然会带来$x^*$和$y^*$的增加。]

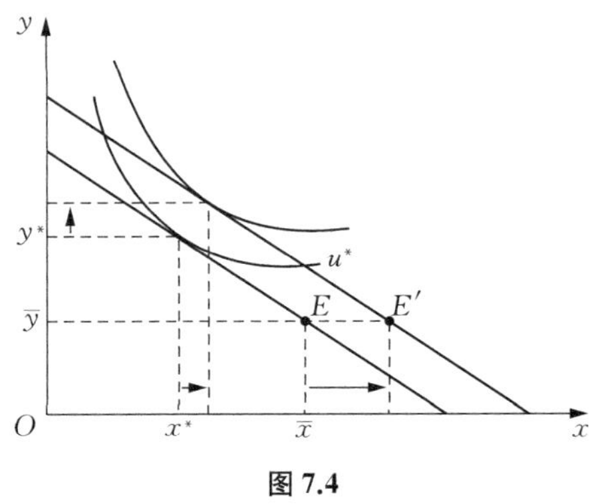

图 7.4

应用 7.5

考虑一个企业利用投入 x_1 和 x_2 生产商品 y,根据的是 C^2 生产函数 $y=f(x_1, x_2)$,其中,$f_1, f_2>0$。投入 1 的价格是 w_1,而投入 2 的价格不确定。特别地,假设每单位投入 2 的价格可以是两个不同的值(w_2^L, w_2^H)中的一个,取这两个不同值的概率分别是($\pi, 1-\pi$),其中 $0\leqslant\pi\leqslant1$。这里,w_2^L 代表了"低价格",而 w_2^H 代表了"高价格",其中 $w_2^L<w_2^H$。通过这种方式来描述投入 2 的价格,使其成为一个*随机值*。

现在,如果 $w_2=w_2^L$,企业的总生产成本是:

$$C=w_1x_1+w_2^L\cdot x_2$$

如果 $w_2=w_2^H$,总成本是:

$$C=w_1x_1+w_2^H\cdot x_2$$

因为 $w_2=w_2^L$ 的概率是 π,而 $w_2=w_2^H$ 的概率是 $1-\pi$,那么企业的期望成本是:

$$E[C]=\pi(w_1x_1+w_2^L\cdot x_2)+(1-\pi)(w_1x_1+w_2^H\cdot x_2)$$
$$=w_1x_1+\left(\pi w_2^L+(1-\pi)w_2^H\right)x_2$$

假设这个企业尝试在*最低期望成本*的条件下生产任意的产出水平 y。在这个应用中，我们研究了期望成本最小的投入水平是如何被外生给定的概率参数 π 的变化影响的。

企业需要求解：

$\underset{x_1,\ x_2}{\text{Minimize}}\ E[C]$，在 $y=f(x_1,\ x_2)$的条件下建立拉格朗日函数：

$$L(x_1,\ x_2,\ \lambda)=w_1x_1+\left(\pi w_2^L+(1-\pi)w_2^H\right)x_2+\lambda[y-f(x_1,\ x_2)]$$

这是一个有约束的期望成本最小化问题，其一阶必要条件是：

$$\begin{aligned}&L_1=w_1-\lambda f_1(x_1,\ x_2)=0\\&L_2=\left(\pi w_2^L+(1-\pi)w_2^H\right)-\lambda f_2(x_1,\ x_2)=0\\&L_\lambda=y-f(x_1,\ x_2)=0\end{aligned}\tag{10}$$

现在，令 $g(x_1,\ x_2)=y-f(x_1,\ x_2)$并构造有界黑塞矩阵：

$$H=\begin{bmatrix}L_{11}&L_{12}&g_1\\L_{21}&L_{22}&g_2\\g_1&g_2&0\end{bmatrix}=\begin{bmatrix}-\lambda f_{11}&-\lambda f_{12}&-f_1\\-\lambda f_{21}&-\lambda f_{22}&-f_2\\-f_1&-f_2&0\end{bmatrix}$$

对于有约束的最小化问题，其二阶充分条件要求：

$$|H|=\lambda(f_1^2f_{22}-f_1f_2f_{12}-f_1f_2f_{21}+f_2^2f_{11})<0\tag{11}$$

我们假定其成立。[如果生产函数所推导出的等产量线为“凸”状的，正如图7.5所示，生产函数被认为显示出递减的技术替代率(RTS,

Rate of Technical Substitution),即随着 x_1 的增加,等产量线变得更加平坦。在这种情况下,在(10)成立的任意点上,将自动满足式(11)。]

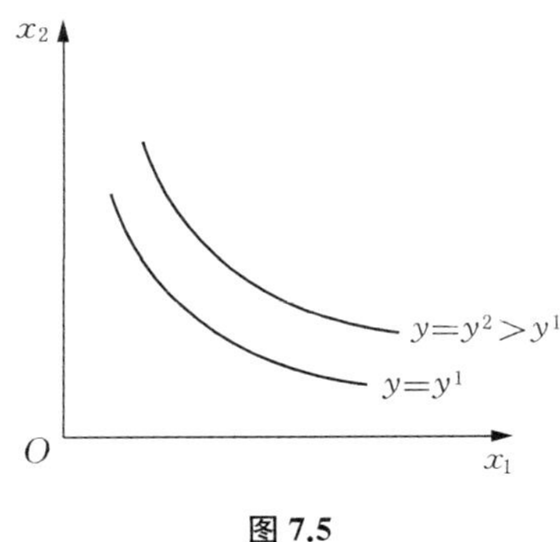

图 7.5

现在,定义

$$F^1(x_1, x_2, \lambda, \pi)=w_1-\lambda f_1(x_1, x_2)$$

$$F^2(x_1, x_2, \lambda, \pi)=\left(\pi w_2^L+(1-\pi)w_2^H\right)-\lambda f_2(x_1, x_2)$$

$$F^3(x_1, x_2, \lambda, \pi)=y-f(x_1, x_2)$$

当期望成本最小时,满足

$$\begin{aligned} F^1(x_1, x_2, \lambda, \pi)&=0 \\ F^2(x_1, x_2, \lambda, \pi)&=0 \\ F^3(x_1, x_2, \lambda, \pi)&=0 \end{aligned} \tag{12}$$

我们希望求解(12),得到用概率参数 π 表示的期望成本最小的投入水平,以及拉格朗日乘数:

$$x_1 = x_1^*(\pi)$$

$$x_2 = x_2^*(\pi)$$

$$\lambda = \lambda^*(\pi)$$

根据隐函数定理，只要满足以下条件，(12)就可以定义这些函数，

$$|J| = \begin{vmatrix} F_1^1 & F_2^1 & F_\lambda^1 \\ F_1^2 & F_2^2 & F_\lambda^2 \\ F_1^3 & F_2^3 & F_\lambda^3 \end{vmatrix} \neq 0$$

使用 F^1、F^2 和 F^3 的定义，我们得到：

$$F_1^1 = -\lambda f_{11} \quad F_2^1 = -\lambda f_{12} \quad F_\lambda^1 = -f_1$$

$$F_1^2 = -\lambda f_{21} \quad F_2^2 = -\lambda f_{22} \quad F_\lambda^2 = -f_2$$

$$F_1^3 = -f_1 \quad F_2^3 = -f_2 \quad F_\lambda^3 = 0$$

因此，由于二阶条件(11)成立，我们有：

$$|J| = \begin{vmatrix} -\lambda f_{11} & -\lambda f_{12} & -f_1 \\ -\lambda f_{21} & -\lambda f_{22} & -f_2 \\ -f_1 & -f_2 & 0 \end{vmatrix} < 0$$

现在，因为 $|J| \neq 0$ 成立，隐函数定理确保了函数 $x_1 = x_1^*(\pi)$、$x_2 = x_2^*(\pi)$ 以及 $\lambda = \lambda^*(\pi)$ 存在，是可微分的，并满足恒等式：

$$F^1\left(x_1^*(\pi),\ x_2^*(\pi),\ \lambda^*(\pi),\ \pi\right) = w_1 - \lambda^*(\pi) \cdot f_1\left(x_1^*(\pi),\ x_2^*(\pi)\right) \equiv 0$$

$$F^2\left(x_1^*(\pi), x_2^*(\pi), \lambda^*(\pi), \pi\right) = \left(\pi w_2^L + (1-\pi) w_2^H\right) - \lambda^*(\pi) \cdot f_2\left(x_1^*(\pi), x_2^*(\pi)\right) \equiv 0$$

$$F^3\left(x_1^*(\pi),\ x_2^*(\pi),\ \lambda^*(\pi),\ \pi\right) = y - f\left(x_1^*(\pi),\ x_2^*(\pi)\right) \equiv 0$$

同往常一样，我们通过求这些恒等式关于 π 的微分，得到比较静态导数 $\mathrm{d}x_1^*/\mathrm{d}\pi$、$\mathrm{d}x_2^*/\mathrm{d}\pi$ 和 $\mathrm{d}\lambda^*/\mathrm{d}\pi$：

$$-\left(\lambda^*\left(f_{11}\frac{\mathrm{d}x_1^*}{\mathrm{d}\pi}+f_{12}\frac{\mathrm{d}x_2^*}{\mathrm{d}\pi}\right)+f_1\frac{\mathrm{d}\lambda^*}{\mathrm{d}\pi}\right)=0$$

$$(w_2^L-w_2^H)-\left(\lambda^*\left(f_{21}\frac{\mathrm{d}x_1^*}{\mathrm{d}\pi}+f_{22}\frac{\mathrm{d}x_2^*}{\mathrm{d}\pi}\right)+f_2\frac{\mathrm{d}\lambda^*}{\mathrm{d}\pi}\right)=0$$

$$-f_1\frac{\mathrm{d}x_1^*}{\mathrm{d}\pi}-f_2\frac{\mathrm{d}x_2^*}{\mathrm{d}\pi}=0$$

整理后，我们得到：

$$-\lambda^*f_{11}\cdot\left(\frac{\mathrm{d}x_1^*}{\mathrm{d}\pi}\right)-\lambda^*f_{12}\cdot\left(\frac{\mathrm{d}x_2^*}{\mathrm{d}\pi}\right)-f_1\cdot\left(\frac{\mathrm{d}\lambda^*}{\mathrm{d}\pi}\right)=0$$

$$-\lambda^*f_{21}\cdot\left(\frac{\mathrm{d}x_1^*}{\mathrm{d}\pi}\right)-\lambda^*f_{22}\cdot\left(\frac{\mathrm{d}x_2^*}{\mathrm{d}\pi}\right)-f_2\cdot\left(\frac{\mathrm{d}\lambda^*}{\mathrm{d}\pi}\right)=w_2^H-w_2^L$$

$$-f_1\cdot\left(\frac{\mathrm{d}x_1^*}{\mathrm{d}\pi}\right)-f_2\cdot\left(\frac{\mathrm{d}x_2^*}{\mathrm{d}\pi}\right)+0\cdot\left(\frac{\mathrm{d}\lambda^*}{\mathrm{d}\pi}\right)=0$$

现在，应用克莱默法则来获得比较静态导数，又因为 $|J|>0$，得到：

$$\frac{\mathrm{d}x_1^*}{\mathrm{d}\pi}=\frac{\begin{vmatrix}0 & -\lambda^*f_{12} & -f_1\\ w_2^H-w_2^L & -\lambda^*f_{22} & -f_2\\ 0 & -f_2 & 0\end{vmatrix}}{\begin{vmatrix}-\lambda^*f_{11} & -\lambda^*f_{12} & -f_1\\ -\lambda^*f_{21} & -\lambda^*f_{22} & -f_2\\ -f_1 & -f_2 & 0\end{vmatrix}}=\frac{(w_2^H-w_2^L)f_1f_2}{|J|}<0$$

$$\frac{\mathrm{d}x_2^*}{\mathrm{d}\pi}=\frac{\begin{vmatrix}-\lambda^* f_{11} & 0 & -f_1\\ -\lambda^* f_{21} & w_2^H-w_2^L & -f_2\\ -f_1 & 0 & 0\end{vmatrix}}{\begin{vmatrix}-\lambda^* f_{11} & -\lambda^* f_{12} & -f_1\\ -\lambda^* f_{21} & -\lambda^* f_{22} & -f_2\\ -f_1 & -f_2 & 0\end{vmatrix}}=\frac{-f_1^2\cdot(w_2^H-w_2^L)}{|J|}>0$$

以及

$$\frac{\mathrm{d}\lambda^*}{\mathrm{d}\pi}=\frac{\begin{vmatrix}-\lambda^* f_{11} & -\lambda^* f_{12} & 0\\ -\lambda^* f_{21} & -\lambda^* f_{22} & w_2^H-w_2^L\\ -f_1 & -f_2 & 0\end{vmatrix}}{\begin{vmatrix}-\lambda^* f_{11} & -\lambda^* f_{12} & -f_1\\ -\lambda^* f_{21} & -\lambda^* f_{22} & -f_2\\ -f_1 & -f_2 & 0\end{vmatrix}}$$

$$=\frac{\lambda^*(w_2^H-w_2^L)\cdot(f_{11}f_2+f_{12}f_1)}{|J|}\lesseqgtr 0$$

因此,投入 2 取低价格的概率增加,就会导致企业使用更多的 x_2 以及更少的 x_1。由于没有关于生产函数的进一步的假设,$\mathrm{d}\lambda^*/\mathrm{d}\pi$ 的符号是不确定的。图 7.6 展示了这个模型。

企业希望以成本最低的方式来生产产出水平 y。等期望成本线就是所有的形式为 $w_1\cdot x_1+\left(\pi w_2^L+(1-\pi)w_2^H\right)\cdot x_2=$常数的线。

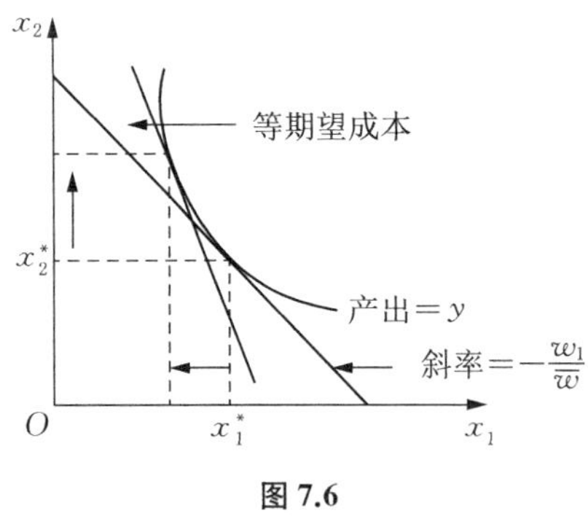

图 7.6

企业希望在与产出水平 y 的等产量线有一个公共点的最低等期望成本线上进行生产。综合一阶条件 $L_1=0$ 和 $L_2=0$，消掉乘数，可以看出解是一个满足以下条件的切点：

$$RTS=\frac{f_1}{f_2}=\frac{w_1}{\pi w_2^L+(1-\pi)w_2^H} \tag{13}$$

现在，如果 π 增加，由于 $\partial\bar{w}/\partial\pi=w_2^L-w_2^H<0$，$\bar{w}=\pi w_2^L+(1-\pi)w_2^H$ 将下降。企业必须调整其投入水平以持续地满足式(13)，而同时又保持在 y 单位产出的等产量线上。由于 $\bar{w}$ 下降，$w_1/(\pi w_2^L+(1-\pi)w_2^H)$ 增加，因此，在新解点的 RTS 一定要比在原始解(x_1^*，x_2^*)更高。所以，新的期望成本最小的点在(x_1^*，x_2^*)的左上方。企业会将成本保持不变的投入替换为期望成本已经下降的投入。

7.5 二阶条件与隐函数定理

在第 5 章，我们看到，当相应的雅可比矩阵的行列式不为 0 时，就可以清晰地定义出比较静态导数。这一章里我们已经看到，在无约束的优化问题模型中，雅可比矩阵是目标函数的黑塞矩阵的行列式。在有约束的优化问题模型中，雅可比矩阵是有界黑塞矩阵。为了使某个经济模型有意义，一定要假设二阶条件成立(如应用7.3中那样)，或者模型必须有充分的结构，从而蕴含了二阶条件(如应用7.4中那样)。无论何种情况下，我们其实没有必要重复地验证隐函数定理的假设(也就是，非0的雅可比行列式)是否满足。在任意优化模型中，只要二阶条件满足，就能自动地确保隐函数定理是适用的。

练　习

1. 当对一种商品征收一个每售出单位 t 元的消费税时，消费者支付的价格(p)就等于销售商所收到的金额(c)加上税收，即 $p=c+t$(Hands, 1991)。市场均衡要求 $D(p)=S(c)$，其中 $D(\cdot)$和$S(\cdot)$分别表示市场需求和供给函数，假设它们满足 $D'<0$ 和 $S'>0$。设 p^* 表示均衡价格，有 $c^*=p^*-t$。

a. 计算比较静态导数

$$\frac{\mathrm{d}p^*}{\mathrm{d}t}\text{和}\frac{\mathrm{d}c^*}{\mathrm{d}t}$$

并确定它们的符号。

b. 当 t 增加时，均衡数量 x^* 发生了什么变化?

c. 请在有 p^* 和 c^* 的供给/需求图示中，以图形方式分析说明这个过程。

2. 考虑一家企业，其利润函数为 $\pi = pAf(x) - wx$，其中，f 是生产函数，x 是产出水平，A 表示技术参数，而 p 和 w 分别是产出与投入价格。设 x^* 使得利润最大化。计算$\frac{\mathrm{d}x^*}{\mathrm{d}A}$，并说明应用 6.2 中导出的结果是该表达式的一个特例。

3. 生产数量为 x 的一种公共品，提供给 n 位消费者，每一位所获得的收益是 $B(x)$。假设 $B' > 0$，$B'' < 0$。提供每一单位 x 的成本是$c > 0$。净社会收益是 $NSB = nB(x) - cx$。一个政策制定者希望通过选择 x 来使 NSB 最大化。请证明：

$$\frac{\mathrm{d}x^*}{\mathrm{d}n} > 0 \text{ 和} \frac{\mathrm{d}x^*}{\mathrm{d}c} < 0,$$

其中，x^* 使 NSB 最大化。

4. 一家垄断企业生产产出 y，其广告支出为 A。利润是 $\pi = R(y, A) - c(y) - A$，其中 $R(\cdot)$是收益函数，而 $c(\cdot)$是成本函数(Hands, 1991)。假设 $R_{yA} > 0$。

a. 请解释 $R_{yA} > 0$ 的涵义。

b. 假设在短期，A 是固定的，并因此作为一个参数处于利润函数中。设 y^* 使得利润最大化。计算$\frac{\mathrm{d}y^*}{\mathrm{d}A}$。

它的符号是确定的吗?

5. 考虑一家垄断企业生产产出 y，其成本函数为：

$$C(y) = cy \qquad \text{其中 } c > 0$$

其所面对的需求曲线是：

$$p=p(y, t)$$

其中 t 是使得需求曲线发生位移的参数。设 y^* 表示利润最大化时的产出水平(Varian，1992)。

a. 计算$\frac{\mathrm{d}y^*}{\mathrm{d}t}$。它的符号确定吗?

b. 如果需求曲线的形式为 $p=a(y)+b(t)$,比较静态导数是如何被影响的?

6. 考虑在应用 6.4 中提到的一家轮胎制造企业。仅假设其成本函数是 $C(x_1, x_2)$。计算:

$$\frac{\mathrm{d}x_1^*}{\mathrm{d}T}\text{和}\frac{\mathrm{d}x_2^*}{\mathrm{d}T}$$

并请证明文中的结果是这些表达式的特殊情况。

7. 考虑一家垄断企业开设两个独立的工厂,生产产出 y。成本函数是:

$$c_1(y_1) \qquad\qquad \text{工厂 1}$$

$$c_2(y_2)=cy_2 \qquad\qquad \text{工厂 2}$$

其中 $c_1'>0$, $c_1''>0$, $c>0$。总产出是 $y=y_1+y_2$。该企业希望将生产产出水平 y 的总成本降到最低。

a. 描述工厂间的最优产量配置。

b. y 的增加会如何影响最优配置?

c. 为什么所有额外的产量都分配给了工厂 2?

d. 以应用 6.3 的方式,使用图形进行说明。

8. 一家利润最大化的完全竞争企业,根据可加可分的生产函数:$y=f(x_1)+g(x_2)$生产产出 y,两种投入分别为 x_1 和 x_2(Hands,1991)。

产出价格为 p,而投入价格分别为 w_1 和 w_2。请证明比较静态导数满足:

$$\frac{\partial x_1^*}{\partial p}=-f' \cdot \left(\frac{\partial x_1^*}{\partial w_1}\right)$$

和

$$\frac{\partial x_2^*}{\partial p}=-g' \cdot \left(\frac{\partial x_2^*}{\partial w_2}\right)$$

9. 考虑一个完全竞争行业,其中每一家企业的边际成本函数是 $MC(y)$。对于产出 y 的总市场需求是$D(p)$,其中 p 表示市场价格。在市场中有 n 家企业。市场均衡可以表述为:

$$p=MC(y)$$
$$ny=D(p)$$

第一个条件确保了每一家企业都在最大化利润,而第二个条件确保了市场的总产出等于总需求(即市场出清)。假设 $MC'>0$ 以及$D'<0$。设 p^* 表示均衡价格,y^* 表示单个企业利润最大化的产出水平,$Y^* \equiv ny^*$ 表示总的市场产出。计算:

$$\frac{\mathrm{d}p^*}{\mathrm{d}n},\ \frac{\mathrm{d}y^*}{\mathrm{d}n} \text{以及} \frac{\mathrm{d}Y^*}{\mathrm{d}n},$$

并确定它们的符号。

10. 如果一家企业随着其产出水平的增加，其生产技术显示出了规模经济效应（即平均成本下降），这个企业被称为自然垄断企业。考虑一家受管制的自然垄断企业，其平均成本函数为：

$$AC(w,\ y)$$

其中，y 表示产出，而 w 表示投入价格。假设 $AC_y<0$ 以及 $AC_w>0$，企业面对的需求曲线为：

$$D(p,\ M)$$

其中，p 为垄断产出的价格，M 为消费者收入。假设 $D_p<0$ 以及 $D_M>0$。平均成本定价均衡（$ACPE$）是一对（$p,\ y$），满足：

$$p=AC(w,\ y)$$

以及

$$y=D(p,\ M)。$$

第一个条件确保了企业获得的零利润，第二个条件确保了市场总需求被满足。设（$p^*,\ y^*$）代表解。

a. 假设$\frac{1}{D_p}<AC$。

这确保了需求曲线比平均成本曲线的斜率更陡峭。当 w 和 M 变化时，p^* 和 y^* 会受到怎样的影响，请进行比较静态分析。

b. 用图形分析，说明 D 和 AC 的变化。

第 8 章　基于参数优化问题的比较静态理论

8.1　引言与案例

在前面章节中，我们考虑了目标函数和(或)限制条件函数式依赖于一个或多个参数的优化问题，被称为**参数优化问题**。在本章中，我们呈现一系列关于有限制条件或无限制条件的参数优化问题的比较静态性质的重要理论。

为了介绍在这些理论中包含的一些基本概念，考虑最大化问题(P)：

$$(P) \qquad \underset{x}{\text{Maximize}}\, F(x, a)$$

其中，F 是一个 C^2 函数，a 是一个参数，同时 $F_{xa} \neq 0$。F(局部)最大值的一阶必要条件是 $F_x=0$，二阶充分条件需要在点 $F_x=0$ 上满足 $F_{xx}<0$。

现在，让 $x=x^*(a)$表示解。要得到比较静态导数 $\mathrm{d}x^*/\mathrm{d}a$，可以通过求以下恒等式关于 a 的微分：

$$F_x(x^*(a), a) \equiv 0$$

得到：

$$\frac{\mathrm{d}x^*}{\mathrm{d}a}=\frac{-F_{xa}}{F_{xx}}$$

两侧同乘以 F_{xa}，得到：

$$\frac{\mathrm{d}x^*}{\mathrm{d}a}\cdot F_{xa}=\frac{-F_{xa}\cdot F_{xa}}{F_{xx}}=\frac{-(F_{xa})^2}{F_{xx}}$$

现在，基于二阶条件 $F_{xx}<0$ 且 $(F_{xa})^2>0$，这就意味着：

$$\frac{\mathrm{d}x^*}{\mathrm{d}a}\cdot F_{xa}>0$$

因此，我们可以得到以下结论：

$$\frac{\mathrm{d}x^*}{\mathrm{d}a}\text{的符号与 }F_{xa}\text{ 的符号相同}$$

也就是说，$F_{xa}>0$ 意味着 $\mathrm{d}x^*/\mathrm{d}a>0$，而 $F_{xa}<0$ 则意味着 $\mathrm{d}x^*/\mathrm{d}a<0$。这是一个简单的**共轭对理论**的示例，它告诉我们，在这个案例中，比较静态导数的符号完全取决于二阶混合偏导数 F_{xa}。我们可以反复地看到，混合偏导数的符号对于优化问题模型的比较静态特征的决定发挥着关键作用。这一点实际上非常重要，下图 8.1 就说明了这个问题。

举例来说，假设 $F_{xa}<0$。共轭对理论意味着比较静态偏导数 $\mathrm{d}x^*/\mathrm{d}a$ 肯定是负的。现在考虑图 8.1。

假设当 $a=a_0$，$x=x_0^*$ 时，问题(P)有解。那么 $F_x(x_0^*, a_0)=0$。我们想要说明(可微分)函数 $x=x^*(a)$一定有负的斜率。为了这个目的，我们考虑 a 的另一个值，即 $a=a_1>a_0$。设 x_1^* 表示对应的解。那么，这就充分地证明了 $x_1^*<x_0^*$，因为这意味着函数 $x=x^*(a)$(用图中的 A 这条曲线表示)正如图 8.1 描绘的那样。

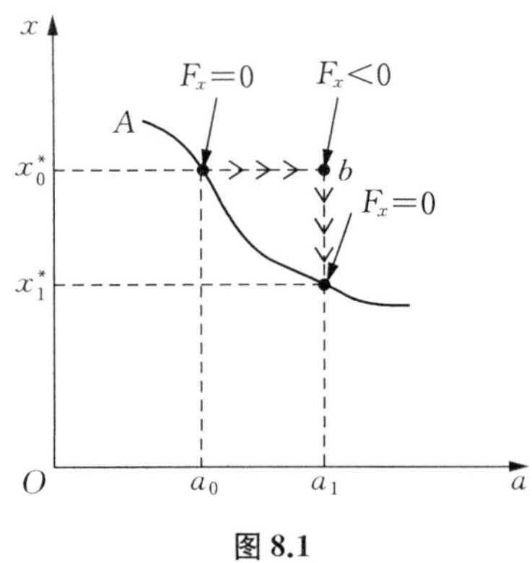

图 8.1

我们知道,在点(x_0^*, a_0), $F_x=0$。现在考虑从点(x_0^*, a_0)向右移动至点 b。情况一定会是在点 b, $F_x<0$。这是真命题,因为在 $F_{xa}<0$ 的情况下,a 的增加必然会带来 F_x 的下降。现在,从点 b 开始,为了回到 A,我们一定要改变 x 以满足 $F_x(x, a_1)=0$。由于 $F_{xx}<0$,我们知道,减少 x 将会带来 F_x 的增加。因此,点(x_1^*, a_1)肯定落在点 b 的正下方。所以,由于 $a_1>a_0$ 以及 $x_1^*<x_0^*$,我们有:

$$\frac{\Delta x^*}{\Delta a}<0$$

且该结论已经得到证实。同样,可以观察到比较静态导数 $\mathrm{d}x^*/\mathrm{d}a$ 在任意特定的点都恰好就是A 的斜率。[注意:由于假设 $F_{xa}<0$ 和 $F_{xx}<0$ 是纯粹局部的特征,所以图 8.1 中,距离$(x_0^*-x_1^*)$和(a_1-a_0)应当被看作是非常小的。]

进一步考虑问题(P),让 $x=x^*(a)$表示解,这个解可以被代入 F,得到$V(a)\equiv F(x^*(a), a)$。函数 $V(a)$被称为**价值函数**或**间接**

目标函数。它告诉了我们对于每个 a 的函数 F 最大值。这里必须强调的是，价值问题来自优化问题（或者说建立在优化问题的基础上），并不是独立于优化问题。

现在，对价值函数求关于 a 的微分：

$$V'(a)=F_x \cdot \frac{\mathrm{d}x^*}{\mathrm{d}a}+F_a$$

由于对于每一个 a 来说，F 都应最大化，根据一阶条件，我们有 $F_x=0$，因此，

$$V'(a)=F_a$$

这个结果被称为**包络定理**。尽管这个结果表面上看起来很简单，其涵义却十分深刻。它告诉我们：*当在最优点上进行导数计算时*，价值函数关于参数 a 的导数与函数 F 关于这个参数的偏导数是相等的。

包络定理的逻辑可以通过考虑下面的映射路径图来理解。

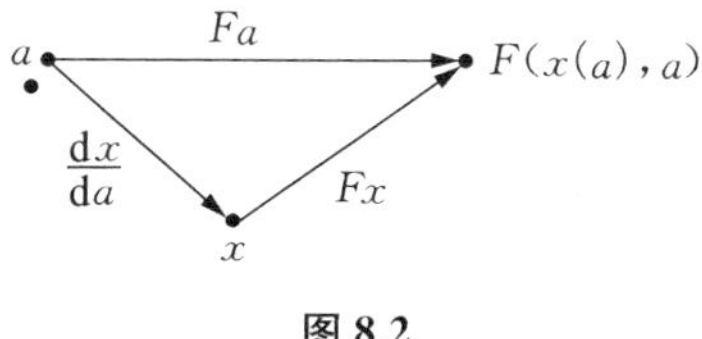

图 8.2

当 a 变化时，会有两个影响。a 的变化会直接影响 F，也就是 F_a。同时，a 的变化也会影响 x，并进一步影响 F，也就是 $(\mathrm{d}x/\mathrm{d}a)\cdot F_x$。然而，由于 $x=x^*$ 时是最优的，$F_x=0$，此时图 8.2 下方的那个映射通道消失了，只剩下直接效应。图 8.3 对此进行了解释。

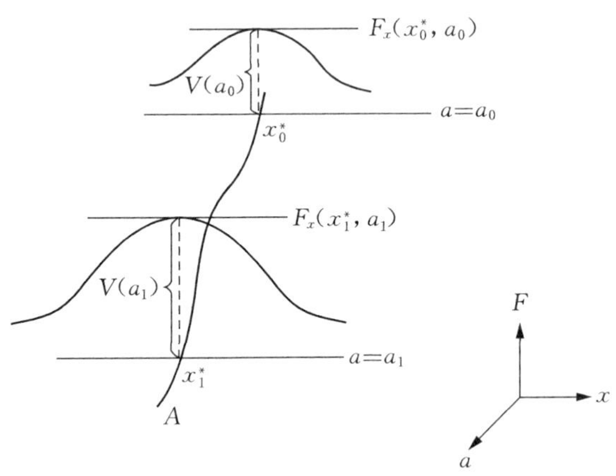

图 8.3

图 8.3 中,右下方几个轴的图例给出了图的方向。正如在图 8.1 中,标识为 A 的曲线是 $x=x^*(a)$。对于 a 的每一个取值(a_0 以及 a_1),价值函数给出了 F 的最大值。因此,$V=F|_A$,即 F 关于曲线 A 的限制。包络定理告诉我们,通过计算 F_a 就可以得到其导数。

应用 8.1

回想一下,在应用 6.2 中,A 表示技术水平,企业利润为 $\pi(x)=2Ax^{1/2}-x$。我们已经表明了利润最大化时的投入水平是 $x^*(A)=A^2$,且比较静态导数为 $\mathrm{d}x^*/\mathrm{d}A=2A>0$。

即使不计算 x^* 和 $\mathrm{d}x^*/\mathrm{d}A$,共轭对定理与包络定理也告诉了我们很多关于模型的比较静态特征。尤其是共轭对理论告诉我们,$\mathrm{d}x^*/\mathrm{d}A$ 的符号一定会等于 $\pi_{xA}=1/x^{1/2}>0$ 的符号。因此,技术水平的提升会导致企业使用更多的 x。此外,价值函数是模型 $V=V(A)$中参数的函数。

根据包络定理，

$$V'(A)=\frac{\mathrm{d}\pi}{\mathrm{d}A}=2x^{1/2}>0$$

在这个例子中，价值函数告诉了我们，每一个技术水平下的可获得利润的最大水平。由于 $\mathrm{d}\pi/\mathrm{d}A>0$，我们知道当对 x 进行优化选择时，技术水平的提高会增加企业获得的利润。

为了证明这一点，我们可以通过将解 $x^*(A)=A^2$ 代入 $\pi(x)$，计算出显式的价值函数，

$$\pi^*\big(\equiv V(A)\big)=2A(x^*)^{1/2}-x^*=A^2$$

正如前文所得到的结论，可以看到，$\mathrm{d}\pi^*/\mathrm{d}A=2A=2(x^*)^{1/2}>0$。

8.2　共轭对定理

在本节以及接下来的部分，我们将使用 a、b 和 c 来表示模型中的参数。我们假设所有的函数都是 C^2，并且对每一个最大化问题来说，相关的二阶条件都成立。我们也可以运用一个重要的微积分理论，即***杨氏定理***。该定理指出，对于一个 C^2 函数来说，其二阶混合偏导数是相等的。举个例子，对于一个有两个变量的函数 $f(x_1, x_2)$，杨氏定理表明，如果 f 是 C^2，那么 $f_{12}=f_{21}$。这一结果对于具有任意个变量的 C^2 函数均适用，也就是说，$f_{ij}=f_{ji}(i\neq j)$。在第 3 章和第 4 章的应用中，对黑塞矩阵和有界黑塞矩阵进行仔细检查，就可以证明这一点。根据杨氏定理，这些矩阵被看作是*对称的*。

理论 8-1A

考虑一个无约束的最大化问题，其一阶必要条件的表达式为：

$$F_x(x, y, a)=0$$

$$F_y(x, y, b)=0$$

设$\left(x^*(a, b), y^*(a, b)\right)$表示解。那么，

$$F_{xa} \cdot \frac{\partial x^*}{\partial a}>0 \text{ 以及 } F_{yb} \cdot \frac{\partial y^*}{\partial b}>0$$

证明：我们可以看到，其解满足一阶必要条件，即恒等式：

$$F_x\left(x^*(a, b), y^*(a, b), a\right) \equiv 0$$

$$F_y\left(x^*(a, b), y^*(a, b), b\right) \equiv 0$$

求关于参数的微分，通过克莱默法则求解并引用二阶条件可以得到结果。具体过程可留作读者练习。

理论 8-1B

考虑一个有约束的最大化问题，其一阶必要条件形式为

$$L_x(x, y, \lambda, a)=0$$

$$L_y(x, y, \lambda, b)=0$$

$$(L_\lambda=)g(x, y, c)=0$$

其中，L 表示拉格朗日函数，而 λ 表示对应的乘数。设$\left(x^*(a, b, c), y^*(a, b, c), \lambda^*(a, b, c)\right)$表示方程组的解。那么，

$$L_{xa} \cdot \frac{\partial x^*}{\partial a}>0 \text{ 以及 } L_{yb} \cdot \frac{\partial y^*}{\partial b}>0$$

(对于最小化问题而言,不等式的符号相反。)

证明:解满足:

$$L_x\big(x^*(a,b,c),\ y^*(a,b,c),\ \lambda^*(a,b,c),\ a\big)\equiv 0$$

$$L_y\big(x^*(a,b,c),\ y^*(a,b,c),\ \lambda^*(a,b,c),\ b\big)\equiv 0$$

$$(L_\lambda=)g\big(x^*(a,b,c),\ y^*(a,b,c),\ c\big)\equiv 0$$

为了证明

$$L_{xa}\cdot\frac{\partial x^*}{\partial a}>0$$

求关于 a 的微分:

$$L_{xx}\left(\frac{\partial x^*}{\partial a}\right)+L_{xy}\left(\frac{\partial y^*}{\partial a}\right)+L_{x\lambda}\left(\frac{\partial \lambda^*}{\partial a}\right)+L_{xa}=0$$

$$L_{yx}\left(\frac{\partial x^*}{\partial a}\right)+L_{yy}\left(\frac{\partial y^*}{\partial a}\right)+L_{y\lambda}\left(\frac{\partial \lambda^*}{\partial a}\right)=0$$

$$g_x\left(\frac{\partial x^*}{\partial a}\right)+g_y\left(\frac{\partial y^*}{\partial a}\right)+0\left(\frac{\partial \lambda^*}{\partial a}\right)=0$$

现在,基于 $L_{x\lambda}=L_{\lambda x}=g_x$, $L_{y\lambda}=L_{\lambda y}=g_y$ 这一事实,以及克莱默法则,得到:

$$\frac{\partial x^*}{\partial a}=\frac{\begin{vmatrix}-L_{xa} & L_{xy} & g_x\\ 0 & L_{yy} & g_y\\ 0 & g_y & 0\end{vmatrix}}{\begin{vmatrix}L_{xx} & L_{xy} & g_x\\ L_{yx} & L_{yy} & g_y\\ g_x & g_y & 0\end{vmatrix}}=\frac{L_{xa}(g_y)^2}{|J|}$$

这也就意味着：

$$\frac{\partial x^*}{\partial a}\cdot L_{xa}=\frac{(L_{xa})^2\cdot(g_y)^2}{|J|}>0$$

因为 $|J|>0$ 是二阶条件的结果。相似的结果也适用于 $\partial y^*/\partial b$。对于最小化问题，$|J|<0$，同时，不等式的符号相反。

8.3 包络定理

理论 8-2A

考虑找到一个 $F(x, y, a, b)$ 的无约束最大值。让 $V(a, b)$ 作为其相应的值函数。那么：

$$V_a=F_a,\ V_b=F_b$$

证明：价值函数为：

$$V(a, b)\equiv F\big(x^*(a, b), y^*(a, b), a, b\big)$$

其中 $\big(x^*(a, b), y^*(a, b)\big)$ 代表方程的解。现在对于参数求微分并援引基于最大值的一阶必要条件，具体过程留作读者练习。

理论 8-2B

考虑有约束的最大化问题：

$$\underset{x,\ y}{\text{Maximize}}\ f(x, y, a, b)\text{，需满足 } g(x, y, a, b)=0$$

设 L 表示相应的拉格朗日函数，设 $V(a, b)$ 代表价值函数。那么，

$$V_a = L_a \text{ 并且 } V_b = L_b$$

证明：设 $L = f(x, y, a, b) + \lambda g(x, y, a, b)$。问题的解 $\left(x^*(a, b), y^*(a, b), \lambda^*(a, b)\right)$满足一阶必要条件：

$$L_x\left(x^*(a, b), y^*(a, b), \lambda^*(a, b), a, b\right) \equiv 0$$

$$L_y\left(x^*(a, b), y^*(a, b), \lambda^*(a, b), a, b\right) \equiv 0$$

以及

$$g\left(x^*(a, b), y^*(a, b), a, b\right) \equiv 0 \qquad \#(1)$$

价值函数为 $V(a, b) \equiv f\left(x^*(a, b), y^*(a, b), a, b\right)$，求关于 a 的导数得到：

$$V_a = f_x \frac{\partial x^*}{\partial a} + f_y \frac{\partial y^*}{\partial a} + f_a$$

现在，求式(1)关于 a 的微分，得到：

$$g_x \frac{\partial x^*}{\partial a} + g_y \frac{\partial y^*}{\partial a} + g_a = 0$$

表达式两边乘以 λ^* 得到：

$$\lambda^* g_x \frac{\partial x^*}{\partial a} + \lambda^* g_y \frac{\partial y^*}{\partial a} + \lambda^* g_a = \lambda^* \cdot (0) = 0$$

现在，根据一阶必要条件，$L_x = L_y = 0$，

$$\begin{aligned} V_a &= f_x \frac{\partial x^*}{\partial a} + f_y \frac{\partial y^*}{\partial a} + f_a \\ &= f_x \frac{\partial x^*}{\partial a} + f_y \frac{\partial y^*}{\partial a} + f_a + 0 \end{aligned}$$

$$=f_x\frac{\partial x^*}{\partial a}+f_y\frac{\partial y^*}{\partial a}+f_a+\lambda^*g_x\frac{\partial x^*}{\partial a}+\lambda^*g_y\frac{\partial y^*}{\partial a}+\lambda^*g_a$$

$$=(f_x+\lambda^*g_x)\frac{\partial x^*}{\partial a}+(f_y+\lambda^*g_y)\frac{\partial y^*}{\partial a}+(f_a+\lambda^*g_a)$$

$$=L_x\frac{\partial x^*}{\partial a}+L_y\frac{\partial y^*}{\partial a}+L_a=L_a$$

这一点对于参数 b 同样适用。

通过下面这个问题框架，我们可以看到理论 8-2B 的一个极其重要的含义。

$$\text{Maximize } f(x,\ y)\text{，需满足 } h(x,\ y)=k$$

其中，k 是一个参数。定义 $g(x,\ y,\ k)\equiv k-h(x,\ y)$ 并让 $V(k)$ 代表价值函数。在这里，拉格朗日方程为 $L(x,\ y,\ \lambda,\ k)=f(x,\ y)+\lambda\big(k-h(x,\ y)\big)$。

设 $x=x^*(k)$，$y=y^*(k)$ 以及 $\lambda=\lambda^*(k)$ 表示解。运用理论 8-2B，我们得到：

$$V'(k)=L_k=\lambda=\lambda^*(k)$$

这个结果告诉我们，对于这个最优化问题来说，拉格朗日乘数的解值等于目标函数的最大值关于约束值 k 的变化率。在许多经济问题中，k 代表资源的存量，而 f 代表利润、效用或产出。因为 $\mathrm{d}V/\mathrm{d}k=\lambda^*$，$\lambda^*\Delta k\approx\Delta V$，如果 $\Delta k>0$，即有额外单位的资源存量，那么就可以得到利润、效用或产出大致增加了多少。λ^* 被称为资源的**影子价格**，反映资源的边际价值。我们将在第 8.5 节中研究这个概念的一个重要应用。

8.4　互易定理

理论 8-3A

考虑一个无约束的最大化问题,其一阶必要条件的表达式为:

$$F_x(x, y, a)=0$$

$$F_y(x, y, b)=0$$

设$(x^*(a, b), y^*(a, b))$表示解。那么,

$$F_{xa} \cdot \frac{\partial x^*}{\partial b}=F_{yb} \cdot \frac{\partial y^*}{\partial a}$$

该结论的证明留作读者练习。

理论 8-3B

考虑一个有约束的最大化问题,其一阶必要条件为:

$$L_x(x, y, \lambda, a)=0$$

$$L_y(x, y, \lambda, b)=0$$

$$(L_\lambda=)g(x, y, c)=0$$

其中,L 代表拉格朗日函数,λ 代表相应的乘数。让$(x^*(a, b, c), y^*(a, b, c), \lambda^*(a, b, c))$代表解。那么,

$$L_{xa}\frac{\partial x^*}{\partial c}=g_c \frac{\partial \lambda^*}{\partial a},\ L_{yb}\frac{\partial y^*}{\partial c}=g_c \frac{\partial \lambda^*}{\partial b}$$

以及

$$L_{xa}\frac{\partial x^*}{\partial b}=L_{yb}\frac{\partial y^*}{\partial a}$$

证明:限于篇幅,我们只对于第一个结果进行证明。余下的结果通过相同的方式可以获得。

我们需要计算$\partial x^*/\partial c$以及$\partial\lambda^*/\partial a$,可以使用$|J|$来表示与理论8-1B中相同的行列式。

求一阶条件关于a的微分,得到:

$$L_{xx}\left(\frac{\partial x^*}{\partial a}\right)+L_{xy}\left(\frac{\partial y^*}{\partial a}\right)+L_{x\lambda}\left(\frac{\partial\lambda^*}{\partial a}\right)+L_{xa}=0$$

$$L_{yx}\left(\frac{\partial x^*}{\partial a}\right)+L_{yy}\left(\frac{\partial y^*}{\partial a}\right)+L_{y\lambda}\left(\frac{\partial\lambda^*}{\partial a}\right)=0$$

$$g_x\left(\frac{\partial x^*}{\partial a}\right)+g_y\left(\frac{\partial y^*}{\partial a}\right)=0$$

使用$L_{\lambda x}=L_{x\lambda}=g_x$,$L_{\lambda y}=L_{y\lambda}=g_y$以及克莱默法则可以得到:

$$\frac{\partial\lambda^*}{\partial a}=\frac{\begin{vmatrix}L_{xx} & L_{xy} & -L_{xa}\\ L_{yx} & L_{yy} & 0\\ g_x & g_y & 0\end{vmatrix}}{|J|}=\frac{L_{xa}g_xL_{yy}-L_{xa}L_{yx}g_y}{|J|}$$

现在,为了得到$\partial x^*/\partial c$,求一阶条件关于c的微分:

$$L_{xx}\left(\frac{\partial x^*}{\partial c}\right)+L_{xy}\left(\frac{\partial y^*}{\partial c}\right)+L_{x\lambda}\left(\frac{\partial\lambda^*}{\partial c}\right)=0$$

$$L_{yx}\left(\frac{\partial x^*}{\partial c}\right)+L_{yy}\left(\frac{\partial y^*}{\partial c}\right)+L_{y\lambda}\left(\frac{\partial\lambda^*}{\partial c}\right)=0$$

$$g_x\left(\frac{\partial x^*}{\partial c}\right)+g_y\left(\frac{\partial y^*}{\partial c}\right)+g_c=0$$

所以，

$$\frac{\partial x^*}{\partial c}=\frac{\begin{vmatrix} 0 & L_{xy} & g_x \\ 0 & L_{yy} & g_y \\ -g_c & g_y & 0 \end{vmatrix}}{|J|}=\frac{L_{yy}g_xg_c-L_{xy}g_yg_c}{|J|}$$

由此，因为 $L_{xy}=L_{yx}$，那么，

$$L_{xa}\frac{\partial x^*}{\partial c}=\frac{L_{xa}L_{yy}g_xg_c-L_{xa}L_{xy}g_yg_c}{|J|}$$

以及

$$g_c\frac{\partial \lambda^*}{\partial a}=\frac{g_cL_{xa}g_xL_{yy}-g_cL_{xa}L_{yx}g_y}{|J|}$$

结果成立。

我们对这部分内容进行总结和进一步的解释。首先，在理论 8-3B 的证明中，我们已经使用了 $L_{xy}=L_{yx}$ 这一事实。理论 8-3A 的证明使用了 $F_{xy}=F_{yx}$ 的事实。的确，所有的互易定理都是杨氏理论的直接结果，这是一个普遍的真相。其次，关于定理 8-3，应当强调的是，最大化假设意味着在比较静态导数子集上的***对称***条件，而不一定是关于符号的结论。第三，正如上文所述，我们考虑的最大化问题是非常一般的情况。正如我们将在第 8.5 节中看到的，附加于优化模型的经济结构常常会减少模型比较静态特征的复杂性。此外，这些结构的设定将大大增强采用比较静态方法得到可检验的假说的能力，也就是对比较静态导数的符号进行***准确***判断的能力。最后，我们

应当注意到，包络定理与杨氏定理的合理运用，可以帮助我们通过较小的计算量获得有用的共轭对和互易结果。

8.5 应 用

应用 8.2

考虑一家利润最大化企业，企业的 C^2 生产函数为 $y=f(x)$，利用投入 x 生产产出 y，其中 $f'>0$，$f''<0$。产出的价格为 $p>0$，投入的价格为 $w>0$。企业的目标是最大化利润 $\pi(x, y)=py-wx$，但是一定要满足其生产约束。因此，我们考虑下面这个有限制的最大化问题：

$$\underset{x,\ y}{\text{Maximize}}\ py-wx\text{，需满足 } y=f(x)\text{的约束条件}$$

我们将检验这个问题的解是如何随着参数 p 和 w 的变化而变化的。

建立拉格朗日函数 $L(x, y, \lambda)=py-wx+\lambda[y-f(x)]$。

对于有约束的利润最大化问题，其一阶必要条件为：

$$L_x=-w-\lambda f'(x)=0$$

$$L_y=p+\lambda=0$$

$$L_\lambda=y-f(x)=0$$

现在，让 $g(x, y)=y-f(x)$ 并建立有界黑塞矩阵：

$$H=\begin{bmatrix} L_{xx} & L_{xy} & g_x \\ L_{yx} & L_{yy} & g_y \\ g_x & g_y & 0 \end{bmatrix}=\begin{bmatrix} -\lambda f'' & 0 & -f' \\ 0 & 0 & 1 \\ -f' & 1 & 0 \end{bmatrix}$$

那么根据一阶条件，由于 $f''<0$ 并且 $\lambda=-p<0$，有 $|H|=\lambda f''>0$。因此，我们看到边际报酬递减的假设（也就是 $f''<0$）确保了满足一阶条件的点实际上是一个最大值点。

通过 $L_y=0$ 求解 λ，并代入 $L_x=0$，得到：

$$\frac{w}{p}=f'(x)$$

这个条件以及 $L_\lambda=y-f(x)=0$，共同描述了解的特征，即沿着生产函数曲线，最优化要求企业的生产处于投入的边际产出等于投入与产出价格比率的位置。图 8.4 描述了这一情况。

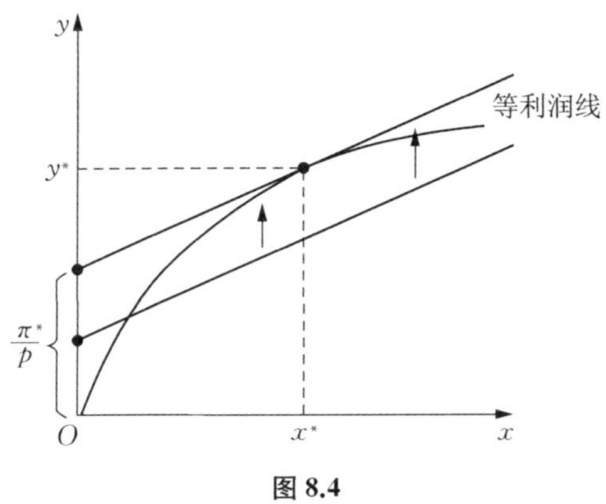

图 8.4

因为 $f'>0$ 且 $f''<0$，生产函数具有凹函数的形状。企业的利润是 $\pi=py-wx$。等利润线是形态为"$py-wx=$常数"的所有曲线。企业希望位于最高的等利润线上，与生产函数有着一个公共点。等利润线的斜率等于 w/p。在解的位置，生产函数的斜率必然与等利润线的斜率相等，也就是说，$w/p=f'$。设 (x^*, y^*) 代表解。因为

$\pi=py-wx$，最优的利润为 $\pi^*\equiv py^*-wx^*$。经过 (x^*, y^*) 的等利润线为 $py-wx=\pi^*$，其 y 轴截距等于 π^*/p。

x，y 以及 λ 的解值是关于参数的可微分函数，即：

$$x=x^*(p, w),\ y=y^*(p, w),\ \lambda=\lambda^*(p, w)$$

我们可以研究四个比较静态导数：

$$\frac{\partial x^*}{\partial p},\ \frac{\partial x^*}{\partial w},\ \frac{\partial y^*}{\partial p},\ \frac{\partial y^*}{\partial w}$$

其解满足：

$$-w-\lambda^*(p, w)\cdot f'\big(x^*(p, w)\big)\equiv 0$$

$$p+\lambda^*(p, w)\equiv 0$$

$$y^*(p, w)-f\big(x^*(p, w)\big)\equiv 0$$

求关于 p 的微分，得到：

$$-\lambda^* f''\cdot\left(\frac{\partial x^*}{\partial p}\right)-f'\cdot\left(\frac{\partial\lambda^*}{\partial p}\right)=0$$

$$1+\left(\frac{\partial\lambda^*}{\partial p}\right)=0$$

$$\left(\frac{\partial y^*}{\partial p}\right)-f'\cdot\left(\frac{\partial x^*}{\partial p}\right)=0$$

通过克莱默法则求解，我们得到：

$$\frac{\partial x^*}{\partial p}=\frac{f'}{\lambda^* f''}>0 \text{ 以及} \frac{\partial y^*}{\partial p}=\frac{(f')^2}{\lambda^* f''}>0$$

因此，p 的增加会使产出及相应的投入水平增加。此外，w 的增加会减少产出及相应的投入水平。这些结论可以通过再次分析图 8.4 得到。p 的增加使得等利润线变得更加平缓，切点必然向上移动到(x^*, y^*)的右侧。而 w 的增加会使得等利润线变得更加陡峭，切点必然向下移动到(x^*, y^*)的左侧。

我们现在考虑这个问题所引申出的理论含义。共轭对理论表明，

$$L_{xw} \cdot \frac{\partial x^*}{\partial w} > 0 \text{ 以及 } L_{yp} \cdot \frac{\partial y^*}{\partial p} > 0$$

因为 $L_{xw} = -1$，我们有$\partial x^* / \partial w < 0$。此外，由于 $L_{yp} = 1$，有$\partial y^* / \partial p > 0$ 成立，正如我们已经说明的那样。

由于约束条件中并不包含参数，唯一一个互易条件是定理 8-3B 中的第三个等式。在这种情形下，它就变成了：

$$L_{xw} \cdot \frac{\partial x^*}{\partial p} = L_{yp} \cdot \frac{\partial y^*}{\partial w}$$

因为 $L_{xw} = -1$ 并且 $L_{yp} = 1$，我们有：

$$-\frac{\partial x^*}{\partial p} = \frac{\partial y^*}{\partial w}$$

其可以通过显式计算来验证。

最后，考虑包络定理的含义。这个问题的价值函数是：

$$\pi^* \big(\equiv V(p, w)\big) \equiv p \cdot y^*(p, w) - w \cdot x^*(p, w)$$

包络定理告诉我们，因为：

$$L = py - wx + \lambda[y - f(x)]$$

我们有：

$$\pi_p^* = y = y^*(p, w) \text{以及} \pi_w^* = -x = -x^*(p, w)$$

因此，价值函数(间接利润函数)的两个一阶偏导数恰好是企业产出的供给函数以及投入的需求函数(取负数)。在微观经济学中，这一结论被称为*霍特林引理*。更进一步地，通过杨氏定理我们知道：

$$\pi_{pw}^* = \pi_{wp}^*$$

这意味着：

$$\frac{\partial y^*}{\partial w} = -\frac{\partial x^*}{\partial p}$$

这正是我们之前得到的互易结果。

在接下来的应用中，我们将用到以下事实。考虑一个利润最大化的企业生产 y，通过投入 x_1 以及 x_2，其 C^2 生产函数为 $y = f(x_1, x_2)$。(x_1^*, x_2^*)代表其利润最大时的投入水平。如果最大值的二阶充分条件成立，那么在点(x_1^*, x_2^*)有 $f_{11}f_{22} - f_{12}f_{21} > 0$。

应用 8.3

考虑一家企业生产 y，通过投入 x_1 以及 x_2，其 C^2 生产函数为 $y = f(x_1, x_2)$。投入价格为(w_1, w_2)。对于给定的任意产出水平 y，企业希望以最低的成本进行生产。因此，企业需要求解：

$$\underset{x_1, x_2}{\text{Minimize}}\ w_1x_1 + w_2x_2 \text{ 需满足 } y = f(x_1, x_2) \text{ 的约束条件。}$$

该企业的问题如图 8.5 所示。

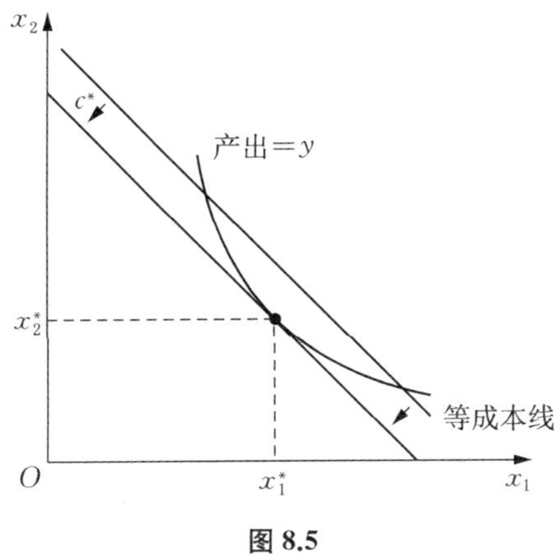

图 8.5

该企业的等成本线是所有形态为“$w_1x_1+w_2x_2=$常数”的曲线。企业想要找到等产量线为 y 单位产出且位于可能达到的最低等成本线上的点。这个解就是等产量线斜率与等成本线斜率相等时二者的切点，在图中即为点(x_1^*, x_2^*)。

现在，考虑企业的有约束的最小化问题，注意在这个问题中，y 是一个参数。在这里，没有任何特定的***产出***水平被认为是最优的，我们只是想知道如果企业要生产 y 单位的产出，可以采用怎样的投入组合使得成本最低。因此模型中的变量为 x_1 与 x_2，参数为 w_1、w_2 和 y。为了分析企业的成本最小化问题，建立拉格朗日函数：

$$L=w_1x_1+w_2x_2+\lambda[y-f(x_1, x_2)]$$

有约束的成本最小化问题的一阶必要条件为：

$$L_1=w_1-\lambda f_1(x_1, x_2)=0$$

$$L_2=w_2-\lambda f_2(x_1, x_2)=0$$

$$L_\lambda=y-f(x_1, x_2)=0$$

现在，让 $g(x_1, x_2, y)=y-f(x_1, x_2)$ 并建立有界黑塞矩阵：

$$H=\begin{bmatrix} L_{11} & L_{12} & g_1 \\ L_{21} & L_{22} & g_2 \\ g_1 & g_2 & 0 \end{bmatrix}=\begin{bmatrix} -\lambda f_{11} & -\lambda f_{12} & -f_1 \\ -\lambda f_{21} & -\lambda f_{22} & -f_2 \\ -f_1 & -f_2 & 0 \end{bmatrix}$$

对于有约束的成本最小问题，二阶必要条件要求 $|H|<0$，假设其成立。

结合条件 $L_1=0$ 以及 $L_2=0$，可以得出：

$$\frac{f_1}{f_2}=\mathrm{RTS}=\frac{w_1}{w_2}$$

其中，技术替代率(RTS)是等成本线的斜率的负值。$L_\lambda=0$ 的条件保证了企业确实在 y 单位产出的等产量线上生产。

x_1、x_2，以及 λ 的解值是参数的可微分函数，即：

$$x_1=x_1^*(w_1, w_2, y),\ x_2=x_2^*(w_1, w_2, y),\ \lambda=\lambda^*(w_1, w_2, y)。$$

x_1^* 和 x_2^* 被称为有条件的要素投入需求，之所以说它们是有条件的，是因为它们取决于产出水平。

成本最小化问题的价值函数为：

$$C^*(\equiv V(w_1, w_2, y))\equiv w_1x_1^*(w_1, w_2, y)+w_2x_2^*(w_1, w_2, y)$$

这个函数接下来用 $C^*(w_1, w_2, y)$ 表示，其是企业的间接成本函数，并通常简称为*成本函数*。它告诉了我们生产产出水平 y 时的最小成本。在图 8.5 中，它是经过点 (x_1^*, x_2^*) 的等成本线所代表的成本水平。我们现在进一步研究模型的比较静态特征。

首先,通过包络定理观察到:

$$C_y^*(w_1, w_2, y)=L_y=\lambda=\lambda^*(w_1, w_2, y)$$

因此,乘数衡量了产出的边际成本,我们通常将其表示为 MC。再次运用包络定理,我们得到:

$$C_{w_1}^*(w_1, w_2, y)=L_{w_1}=x_1=x_1^*(w_1, w_2, y)$$

以及

$$C_{w_2}^*(w_1, w_2, y)=L_{w_2}=x_2=x_2^*(w_1, w_2, y)$$

这告诉我们,成本函数关于任意投入价格的偏导数,是企业对于该投入的条件需求。这个结果被称为***谢泼德引理***(Shephard's Lemma)。

现在对成本函数运用杨氏定理:

因为 $$C_{w_1w_2}^*=C_{w_2w_1}^*$$

我们有:

$$\frac{\partial x_1^*}{\partial w_2}=\frac{\partial x_2^*}{\partial w_1}$$

这是第一个互易结果。显式计算表明这些导数是正的。此外,由于

$$C_{yw_1}^*=C_{w_1y}^*$$

以及

$$C_{yw_2}^*=C_{w_2y}^*$$

我们有另一个互易结果:

$$\frac{\partial \lambda^*}{\partial w_1}=\frac{\partial x_1^*}{\partial y}$$

以及

$$\frac{\partial \lambda^*}{\partial w_2}=\frac{\partial x_2^*}{\partial y}$$

这些结果看似并不直观，却有着非常有趣的含义。显式计算表明，最小化假设本身并不能确切地推出这些导数的符号。如果$\partial x_1^*/\partial y<0$，我们认为投入 1 是*劣质的*。之前的结果告诉我们，如果 w_1 增加并且投入 1 是劣质的，那么 MC 曲线必然会下移。如果$\partial x_1^*/\partial y>0$，那么投入 1 是*正常的*，并且 w_1 的增加会使 MC 曲线上移。

接下来我们考虑共轭对结果。在这种情况下，这个定理意味着：

$$L_{1w_1}\cdot\frac{\partial x_1^*}{\partial w_1}<0 \text{ 和 } L_{2w_2}\cdot\frac{\partial x_2^*}{\partial w_2}<0$$

由于 $L_{1w_1}>0$ 和 $L_{2w_2}>0$，我们观察到，每一种投入的条件需求都必然是它自身价格的一个减函数。

最后，我们考虑产出水平的变化对于 MC 的影响，通过计算看到：

$$\frac{\partial \lambda^*}{\partial y}=\frac{\begin{vmatrix}-\lambda^* f_{11} & -\lambda^* f_{12} & 0\\ -\lambda^* f_{21} & -\lambda^* f_{22} & 0\\ -f_1 & -f_2 & -1\end{vmatrix}}{|H|}=\frac{-\lambda^{*2}(f_{11}f_{22}-f_{12}f_{21})}{|H|}$$

因为 $\lambda^*=MC$，这个表达式就是 MC_y。我们知道，由于二阶条件，

$|H|<0$,此外,在一阶条件下我们知道,因为边际生产率是正的,那么:

$$\lambda^*=\frac{w_1}{f_1}=\frac{w_2}{f_2}>0$$

然而,$f_{11}f_{22}-f_{12}f_{21}$的符号是不确定的。因此,如果没有进一步的信息,我们无法仅仅基于最小化假设就断言随着产出的增加,MC 是否会上升、下降还是保持不变。尽管如此,还是可以得到其他一些结论。我们假设了企业进行成本最小化的生产,如果运用更强的假设,即这家企业追求利润最大化,那么,利用我们在本应用前所得到的结论,可以认为 $f_{11}f_{22}-f_{12}f_{21}>0$ 必然成立,因此,MC 是一个关于产出水平(局部)递增的函数。所以,在模型中加入额外的结构(基于可能的其他经验信息)可以让我们得到更多的结果。

8.6　利润最大化和勒夏特列法则

考虑一家利润最大化企业,利用投入 x_1 和 x_2 生产产出 y,其 C^2 生产函数为 $y=f(x_1, x_2)$。在产出价格为 p 和投入价格分别为 w_1 和 w_2 的情况下,利润为:

$$\pi(x_1, x_2)=pf(x_1, x_2)-w_1x_1-w_2x_2$$

利润最大化的一阶必要条件是:

$$\pi_1=pf_1(x_1, x_2)-w_1=0$$

$$\pi_2=pf_2(x_1, x_2)-w_2=0$$

现在,建立黑塞矩阵:

$$H=\begin{bmatrix}\pi_{11} & \pi_{12}\\ \pi_{21} & \pi_{22}\end{bmatrix}=\begin{bmatrix}pf_{11} & pf_{12}\\ pf_{21} & pf_{22}\end{bmatrix}$$

二阶充分条件要求在一阶条件成立时有 $pf_{11}<0$ 以及 $|H|>0$。我们假设二阶条件成立。这个问题的解定义了利润最大时的投入水平是关于参数的可微分函数：

$$x_1=x_1^*(p, w_1, w_2), \ x_2=x_2^*(p, w_1, w_2) \qquad \#(2)$$

将这些解代入一阶条件，并求关于 w_1 的微分，得到比较静态导数：

$$\frac{\partial x_1^*}{\partial w_1}=\frac{f_{22}}{p(f_{11}f_{22}-f_{12}f_{21})}<0 \qquad \#(3)$$

注意：因为二阶条件要求 $pf_{11}<0$ 以及 $p^2(f_{11}f_{22}-f_{12}f_{21})>0$，所以 $f_{22}<0$。由于 $f_{12}=f_{21}$，我们必然有 $f_{11}f_{22}>(f_{12})^2>0$，说明 f_{22} 的符号与 f_{11} 的符号相同。两种投入均可变的情况通常被认为是长期情况。因此，可以认为式(2)给出的投入需求函数以及式(3)给出的比较静态导数是一种长期情况，因为两种投入都是可变的。因为在利润最大化问题中固定投入为零，我们可以将式(3)中的导数表示为：

$$\left(\frac{\partial x_1^*}{\partial w_1}\right)_0$$

相反地，某种要素投入水平是固定的情况被称为短期情况。现在假设企业正运营在长期最优的 (x_1^*, x_2^*)。并且假设投入 2 固定在 $x_2=x_2^*$。显然，$x_1=x_1^*$ 时仍然为最优；但是企业正处于短期情况，*该模型的比较静态性质被改变了*。

因为现在企业只能通过调整 x_1 来优化决策，利润最大化的一阶必要条件被简化为：

$$\pi_1 = pf_1(x_1, x_2^*) - w_1 = 0 \tag{4}$$

并且 $pf_{11} < 0$ 是二阶条件，作为原来长期问题的二阶条件结果，在这里也满足。现在式(4)将解定义为关于参数的可微分函数：

$$x_1 = x_1^*(p, w_1, x_2^*)$$

注意：这里 x_2^* 是一个参数，因为它在式(4)中是一个常数。将这个解代入式(4)，并求关于 w_1 的导数，得到：

$$\frac{\partial x_1^*}{\partial w_1} = \frac{1}{pf_{11}} < 0 \tag{5}$$

由于这里有一个固定投入，我们可以将导数表示为：

$$\left(\frac{\partial x_1^*}{\partial w_1}\right)_1$$

可以推导出：

$$\left(\frac{\partial x_1^*}{\partial w_1}\right)_0 \leqslant \left(\frac{\partial x_1^*}{\partial w_1}\right)_1$$

证明：由于 $f_{12} = f_{21}$，$-f_{12}f_{21} = -(f_{12})^2 \leqslant 0$。现在，在不等式两边同时加入 $f_{11}f_{22}$：

$$f_{11}f_{22} - f_{12}f_{21} \leqslant f_{11}f_{22}$$

上式两边同乘以 $p > 0$，得到：

$$p(f_{11}f_{22} - f_{12}f_{21}) \leqslant pf_{11}f_{22}$$

根据二阶条件,括号中的项是正的,所以:

$$1 \leqslant \frac{pf_{11}f_{22}}{p(f_{11}f_{22}-f_{12}f_{21})}$$

现在,两边同除以 $pf_{11}<0$,得到:

$$\left(\frac{\partial x_1}{\partial w_1}\right)_1=\frac{1}{pf_{11}} \geqslant \frac{f_{22}}{p(f_{11}f_{22}-f_{12}f_{21})}=\left(\frac{\partial x_1}{\partial w_1}\right)_0$$

这个结果被称为***勒夏特列法则***[①],并可以作如下解释。考虑一个式(2)中给出的长期投入需求函数,让 p 和 w_2 分别取固定值 $\bar{p}$ 和 $\bar{w}_2$。那么,

$$x_1=x_1^*(\bar{p}, w_1, \bar{w}_2) \text{以及 } x_2=x_2^*(\bar{p}, w_1, \bar{w}_2)$$

这些公式告诉我们,鉴于 $(p, w_2)=(\bar{p}, \bar{w}_2)$,在长期,$x_1^*$ 与 x_2^* 是如何随着 w_1 的变化而调整的。$x_1=x_1^*(\bar{p}, w_1, \bar{w}_2)$ 这一关系式给出了企业对于投入 1 的长期需求曲线,如图 8.6 所示。

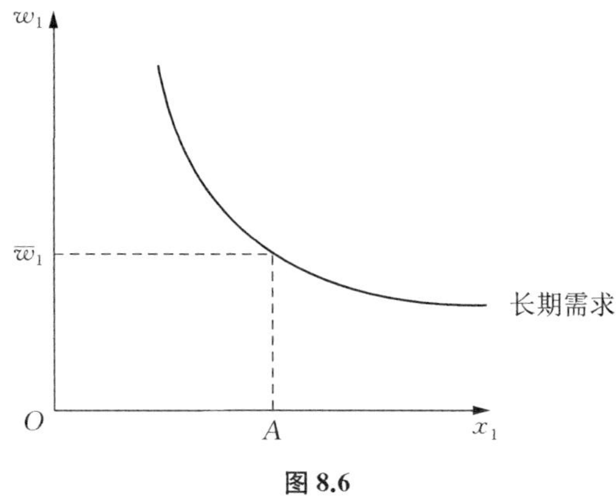

图 8.6

① 注意:勒夏特列法则得名于热力学系统展现出同类行为的趋势。同样,这个结果是最大化问题假设的一个直接结果。

现在,假设 $w_1=\bar{w}_1$,这样,长期投入需求就是 $A\equiv x_1^*(\bar{p},\bar{w}_1,\bar{w}_2)$以及 $B\equiv x_2^*(\bar{p},\bar{w}_1,\bar{w}_2)$。在这一点的长期需求曲线的斜率是:

$$\left(\frac{\partial x_1^*}{\partial w_1}\right)_0$$

然而,如果 x_2 在 $B(=x_2^*)$上取固定值,则这一点上的短期需求曲线斜率为:

$$\left(\frac{\partial x_1^*}{\partial w_1}\right)_1\geqslant\left(\frac{\partial x_1^*}{\partial w_1}\right)_0$$

短期与长期的投入需求曲线穿过图 8.7 中所示的点$(A,\bar{w}_1)$。

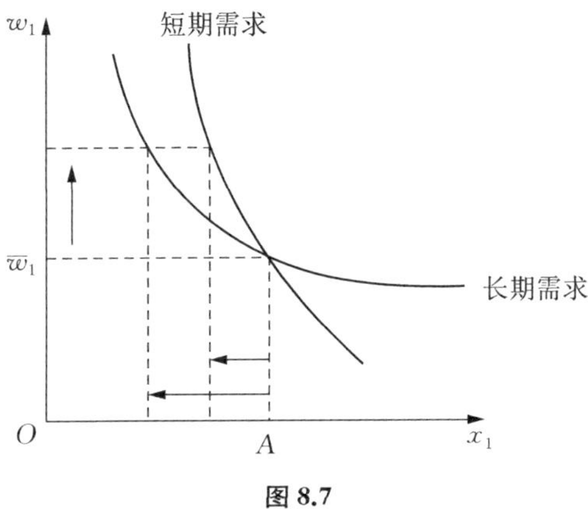

图 8.7

回想一下,我们在横轴上衡量 x_1。这个事实以及所证明的长期与短期比较静态导数之间的关系,都意味着短期投入需求必然比对应的长期投入需求更加陡峭(即更加缺乏弹性)。同样注意到,如果

w_1 增加,在长期,投入使用的减少会比短期里投入使用的减少更多[除非 $f_{12}=0$,这种情况下,长期与短期的影响是相同的,正如使用式(3)和式(5)所显示的]。

8.7　比较静态分析的两种方法

我们已经看到,在本章有两种研究优化问题模型比较静态特征的等价方法。第一种方法被称为***原始方法***,包括显式地求解优化问题,以及直接计算比较静态导数。这是在第 7 章中使用的方法。此外,我们还可以利用价值函数(间接目标函数)的性质来研究模型的比较静态特征,这被称为***对偶方法***。

鉴于原始方法所需要的计算量庞大,相比起来,对偶方法就显得十分便捷。其实证应用往往包括间接目标函数的具体函数形式描述。值得注意的是,这个间接目标函数必须满足特定的性质,这些性质是优化问题假设的直接结果。举个例子,我们在应用 8.3 中看到,间接成本函数 C^* 满足对称性:

$$C^*_{w_1 w_2}=C^*_{w_2 w_1}$$

这就意味着:

$$\frac{\partial x_1^*}{\partial w_2}=\frac{\partial x_2^*}{\partial w_1}$$

因此,*如果假设了成本最小化*,当希望得到投入的条件需求的计量估计值时,这种对称性特征就必须加上。

练　习

1. 一个消费者基于预算约束 $px+y=M$，将其近似线性效用函数 $u(x)+y$ 最大化，其中，$u'>0$，$u''<0$，并且产品 y 的价格假设为1。

a. 证明 x 的需求不取决于 M。

b. 利用 $x^*(p)$ 表示 x 的需求。证明

$$\frac{\mathrm{d}x^*}{\mathrm{d}p}<0。$$

c. 计算出 $y^*(p, M)$。

d. 用 $V(p, M)$ 表示价值函数(注意：在这里，V 被称为间接效用函数)。使用包络定理证明：$V_p(p, M)=-x^*$。(这个结果被称为*罗伊恒等式*。)

e. 证明 $V_M(p, M)$ 为常数，并解释其含义。

2. 一家企业生产产出 y，并具有成本函数 $c(y)$，满足 $c'>0$ 和 $c''>0$。产出价格为 p。这家企业的一些产出是有缺陷的并因而无法被售卖。具体来说，任意一单位产出没有缺陷的概率是 q，$0<q<1$。因此，企业的期望利润为：

$$E[\pi]=pqy-c(y)。$$

a. 设 y^* 使得 $E[\pi]$ 最大化。计算 $\frac{\mathrm{d}y^*}{\mathrm{d}q}$ 并确定其符号。

b. 让 $E^*[\pi]$表示价值函数(也就是说,间接预期利润函数。)使用包络定理证明$\frac{\mathrm{d}E^*[\pi]}{\mathrm{d}q}>0$。

c. 现在直接计算其导数,不运用包络定理。

3. 应用 6.4 中的轮胎制造企业,其成本函数为:

$$C(x_1, x_2)=3x_1^2-2x_1x_2+x_2^2$$

且必须满足 $x_1+x_2=T$。

a. 计算价值函数 $C^*(T)$。计算$\frac{\mathrm{d}C^*}{\mathrm{d}T}(=MC^*)$,并解释这个导数衡量了什么。

b. 现在假设 $T=6$。使用应用 6.4 的结果,我们知道 $x_1^*=2$ 以及 $x_2^*=4$。假设 x_2 固定为 4 并且企业必须持续履行合同。推算出 x_1 解的值,并用$\tilde{x}_1$ 表示它。

c. 在没有约束的情况下,我们知道 $x_1^*=\frac{T}{3}$。在 x_2 固定在 4 的情况下,我们有$\tilde{x}_1=T-4$。绘制出作为 T 的函数的 x_1^* 和$\tilde{x}_1$ 的图形。这些线在哪里相交? 哪个上升得最快?

d. 计算(有约束的)价值函数$\widetilde{C}(\tilde{x}_1, 4)$以及$\frac{\mathrm{d}\widetilde{C}}{\mathrm{d}T}(=\widetilde{MC})$。

e. 绘制 MC^* 以及$\widetilde{MC}$。它们在哪里相交? 哪个上升得最快?

4. 一家多产品企业使用单一投入 x 生产 y_1 和 y_2,其生产函数为:$x=f(y_1, y_2)$。产出价格分别为 p_1 和 p_2。这家企业有固定$\bar{x}$数量的投入可获得,并根据生产函数使其销售收入最大化。

a. 设 $L=p_1y_1+p_2y_2+\lambda(\bar{x}-f(y_1, y_2))$表示企业的有约束收

入最大化问题的拉格朗日函数。设 $y_1=y_1^*(p_1, p_2, \bar{x})$, $y_2=y_2^*(p_1, p_2, \bar{x})$, $\lambda=\lambda^*(p_1, p_2, \bar{x})$表示解。你如何解释 λ^* 的含义?

b. 设 $R^*=$价值函数(即间接收入函数)。证明 $R_{p_1}^*=y_1^*$ 以及 $R_{p_2}^*=y_2^*$,即谢泼德引理对应的收入。

c. 利用理论 8-1B 和 8-3B 来说明 y_1^*、y_2^* 以及 λ^* 的互易性和共轭对的结果。请通过直接计算来证实你的结果。

d. 用图形说明(y_1, y_2)空间中的生产约束和若干条等收益线。

5. 考虑一家企业,利用投入 x 生产两种产出 y_1 和 y_2。其生产函数为:$x=g(y_1, y_2)$。产出价格分别为 p_1 和 p_2,投入价格为 w。企业最大化其利润 $\pi=p_1y_1+p_2y_2-wg(y_1, y_2)$。让 $\pi^*(p_1, p_2, w)$表示价值(间接利润)函数,证明:

(i) $\dfrac{\partial y_1^*}{\partial p_1}>0$, $\dfrac{\partial y_2^*}{\partial p_2}>0$, $\dfrac{\partial x^*}{\partial w}<0$;

(ii) $\pi_{p_1}^*=y_1^*$, $\pi_{p_2}^*=y_2^*$, $\pi_w^*=-x^*$;

(iii) $\dfrac{\partial y_1^*}{\partial p_2}=\dfrac{\partial y_2^*}{\partial p_1}$, $\dfrac{\partial y_1^*}{\partial w}=\dfrac{-\partial x^*}{\partial p_1}$, $\dfrac{\partial y_2^*}{\partial w}=\dfrac{-\partial x^*}{\partial p_2}$。

6. 假设一家企业利用投入 x 生产产出 y,其生产函数为:$y=\ln(x)$。产出价格为 p,而投入价格为 w。让 x^* 代表利润最大化投入水平,而 y^* 为对应的产出水平。

a. 验证应用 8.2 中针对该技术推导的公式。

b. 计算价值(间接利润)函数 π^*。

c. 证明针对该技术的共轭对、包络和互易结果。

7. 一家生产函数为 $y=x_1x_2$ 的企业解决成本最小化问题：Minimize $w_1x_1+w_2x_2$ 需满足 $y=x_1x_2$ 的约束条件，设 C^* 表示价值(成本)函数。

a. 验证谢泼德引理。

b. 说明成本最小化问题的互易及共轭对结果。投入需求曲线是否为向下的斜率？通过直接计算验证你的结论。

第9章　原始—对偶分析

在这一章中,我们讨论另一类比较静态方法,即原始—对偶分析方法。原始—对偶分析是一种处理比较静态分析问题强有力的、具有较高计算效率的方法。我们会看到,使用多种(有界)黑塞矩阵的条件对比较静态导数的大小和符号进行限制。同时,这些限制对优化问题假设的所有已知的比较静态含义进行了进一步解释。因此,原始—对偶分析是一种帮助我们去揭示可观察现象的所有隐含限制的一种统一的方法。

我们首先讨论(保留边界的)方阵主子式的概念。

9.1　(保留边界的)主子式

考虑一个(3×3)方阵:

$$A=\begin{bmatrix} a_{11} & a_{12} & a_{13} \\ a_{21} & a_{22} & a_{23} \\ a_{31} & a_{32} & a_{33} \end{bmatrix}$$

A 的主子式,是当任意的 $3-k$ 行以及相应列被删除后所保留的矩阵的行列式。任意 k 阶主子式都是一个 $k\times k$ 矩阵的行列式。举

例来说,从 A 中删除行 3 和列 3 得到了二阶主子式:

$$\begin{vmatrix} a_{11} & a_{12} \\ a_{21} & a_{22} \end{vmatrix}$$

如果我们从 A 中删除了行 2 和列 2 以及行 3 和列 3,就得到了一阶主子式 $|a_{11}|$。

对于 A,显然有 3 个二阶和 3 个一阶主子式。

现在,考虑一个 4×4 矩阵:

$$B=\begin{bmatrix} a_{11} & a_{12} & a_{13} & b_1 \\ a_{21} & a_{22} & a_{23} & b_2 \\ a_{31} & a_{32} & a_{33} & b_3 \\ b_1 & b_2 & b_3 & 0 \end{bmatrix}$$

请注意包含 b 的行列是如何与包含 a 的行列相接的,其中,后者构成了一个 3×3 的子矩阵。M 的一个保留边界的主子式,就是当删除 $3-k$ 行以及相应的列后所保留下来的矩阵的行列式,*前提是不删除边界*。由于在这种构造中边界可能并没有被删除,任意保留边界的 k 阶主子式就是一个 $(k+1)\times(k+1)$ 矩阵的行列式。举例来说,当 $k=1$,我们删除了 $3-1=2$ 行和相应的列,得到一个 2×2 的行列式。比如,删除行 1 和列 1 以及行 2 和列 2,就产生一个保留边界的一阶主子式,即:

$$\begin{vmatrix} a_{33} & b_3 \\ b_3 & 0 \end{vmatrix}$$

同样地,当 $k=2$,我们删除任意 $3-2=1$ 行以及相应的列,得到一个 3×3 行列式。例如,删除行 1 与列 1 得到一个保留边界的二阶主子式,即:

$$\begin{vmatrix} a_{22} & a_{23} & b_2 \\ a_{32} & a_{33} & b_3 \\ b_2 & b_3 & 0 \end{vmatrix}$$

9.2　使用原始—对偶分析的无约束优化的比较静态

考虑问题:

$$\underset{x}{\text{Maximize}}\, F(x,\ a)$$

其中,F 是 C^2 函数,而 a 是参数。设 $x=x^*(a)$ 代表假设二阶充分条件 $F_{xx}<0$ 成立时的解。让 $V(a)\equiv F\left(x^*(a),\ a\right)$ 代表相应的价值函数。考虑一个新函数:

$$G(x,\ a)=F(x,\ a)-V(a)$$

函数 $G(x,\ a)$ 被称为***原始—对偶目标函数***,这个函数告诉我们,对于任意 a, F 实际值与 F 最大值之间的差异。现在根据定义,$V(a)$ 是 $F(x,\ a)$ 的最大值,因此,对于所有 $x\neq x^*$,有:

$$F(x,\ a)\leqslant V(a)$$

当 $x=x^*$ 时,$F(x,\ a)=V(a)$。因此,当 $x=x^*$ 时,G 有一个最大值(为 0)。图 9.1 描述了这一点。

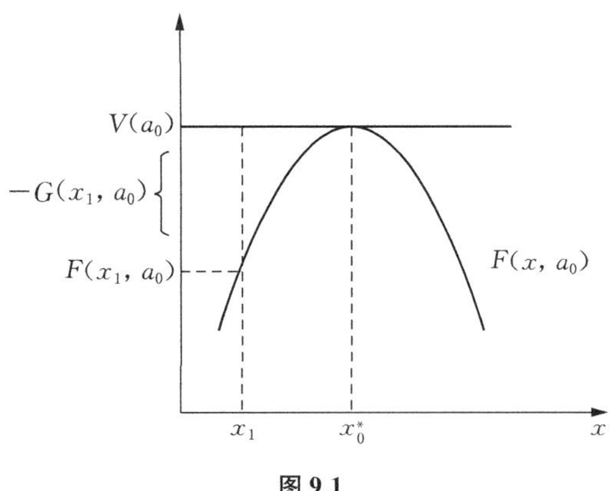

图 9.1

假设 $a=a_0$，并让 $F(x, a_0)$代表当 a 取这个固定值时的目标函数。设 x_0^* 代表当 $F(x, a_0)$取最大值时的点。$V(a_0)$是 $F(x, a_0)$的最大值。现在，设 x_1 为任意的其他点，G 为 $F(x_1, a_0)$和 $V(a_0)$之间的差异大小，即纵轴上 $V(a_0)$和 $F(x_1, a_0)$之间距离的负值。我们观察到，刚好当 $x=x_0^*$ 时，$G=0$，因此 $G(x_0^*, a_0)=0$。这样，我们可以得出结论：

(i) 当 $a=a_0$ 时，$x=x_0^*$ 是最优的。

现在来考虑图 9.2。

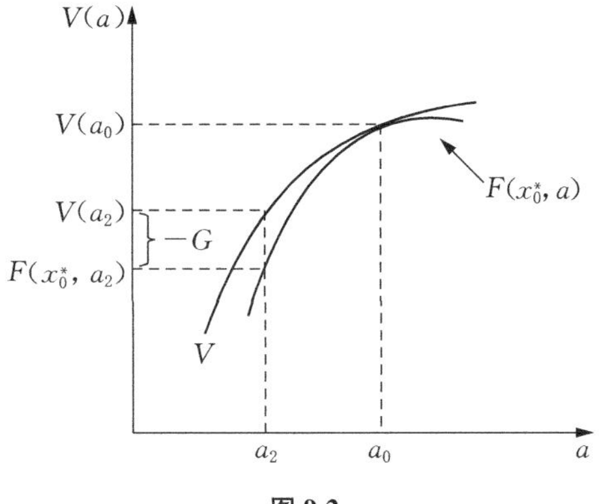

图 9.2

标记为 V 的曲线是价值函数的图形。我们知道，当 $a=a_0$ 时，$V=V(a_0)$。我们同样也知道，当 x 固定于 x_0^* 时，$F(x_0^*, a)\leqslant V(a)$，在 $a=a_0$ 时取等号。因此，$F(x_0^*, a)$如图 9.2 所示。由于 $F(x_0^*, a)$的图像在 a_0 处与 V 相切，它们的斜率相同，即：

$$F_a(x_0^*, a_0)=V'(a_0)$$

这便是在第 8.1 节中证明过的包络定理结果。

现在，设 a_2 为任意其他点。G 为 $F(x_0^*, a_2)$和 $V(a_2)$之间的差异大小。我们观察到，刚好当 $a=a_0$ 时，$G=0$。因此，$G(x_0^*, a_0)=0$，正如前面所得到的结论。由此可见：

(ii) 当 $x=x_0^*$ 时，$a=a_0$ 是最优的。

上述讨论的含义在于，$G(x, a)$的最大值位置可以用通常的一阶和二阶条件来描述，此时，x 和 a 在优化过程中均被当作变量来处理。因此，$G(x, a)$取得最大值的一阶必要条件为：

$$G_x(x, a)=F_x(x, a)=0 \qquad \#(1)$$

$$G_a(x, a)=F_a(x, a)-V'(a)=0 \qquad \#(2)$$

现在，建立黑塞矩阵：

$$H=\begin{bmatrix} G_{xx} & G_{xa} \\ G_{ax} & G_{aa} \end{bmatrix}=\begin{bmatrix} F_{xx} & F_{xa} \\ F_{ax} & F_{aa}-V'' \end{bmatrix}$$

假设 G 取得最大值的二阶充分条件满足，我们有 $F_{xx}<0$，同时，因为$|H|$必须为正，$F_{aa}-V''<0$。*这个不等式（或者它的更高维对应表达式）就是基础不等式，从中可以得到所有的比较静态结果。*注意

在一阶条件中,式(1)是原始问题的通常结果。而更为重要的是,式(2)就是包络定理的表达式,我们在第8.1节中已经进行了证明。

为了了解如何运用不等式 $F_{aa}-V''<0$,设 $x=x^*(a)$ 表示问题的解,并代入式(2),得到恒等式:

$$F_a\left(x^*(a),\ a\right)-V'(a)\equiv 0$$

求关于 a 的微分,得到:

$$F_{ax}\cdot\frac{\mathrm{d}x^*}{\mathrm{d}a}+F_{aa}-V''(a)=0。$$

由于 $F_{aa}-V''<0$,我们可以推出:

$$F_{ax}\cdot\frac{\mathrm{d}x^*}{\mathrm{d}a}>0$$

或者,F_{ax} 的符号 $=F_{xa}$ 的符号 $=\mathrm{d}x^*/\mathrm{d}a$ 的符号,即第8.1节中证明的*共轭对理论*。

现在,考虑:

$$\underset{x,\ y}{\text{Maximize}}\,F(x,\ y,\ a,\ b,\ c)$$

其中,F 是 C^2 函数。设 $V(a,\ b,\ c)$ 代表价值函数。原始—对偶问题为:

$$\underset{x,\ y,\ a,\ b,\ c}{\text{Maximize}}\,F(x,\ y,\ a,\ b,\ c)-V(a,\ b,\ c)$$

其一阶必要条件为:

$$F_x=0 \text{ 和 } F_y=0$$

以及

$$F_a - V_a = 0,\ F_b - V_b = 0 \text{ 和 } F_c - V_c = 0。$$

前两个等式是原始问题的一阶条件。后三个等式是包络定理结果，我们在理论 8-2A 中两个参数情况的问题中进行了证明。

在前面的问题里，我们在二阶条件中有 $F_{aa} - V'' < 0$。这里，其相应的表述如下。考虑矩阵：

$$M = \begin{bmatrix} F_{aa} - V_{aa} & F_{ab} - V_{ab} & F_{ac} - V_{ac} \\ F_{ba} - V_{ba} & F_{bb} - V_{bb} & F_{bc} - V_{bc} \\ F_{ca} - V_{ca} & F_{cb} - V_{cb} & F_{cc} - V_{cc} \end{bmatrix}$$

这里要求每一个奇数阶主子式 $\leqslant 0$，以及每一个偶数阶主子式 $\geqslant 0$。这尤其意味着上述矩阵的对角线元素都均为非正(因为它们是 3 个一阶主子式)。在这种情况下，我们说 M 是*半负定矩阵*。这个问题的所有比较静态结果均来自这些不等式。

应用 9.1

在第 8.6 节中，我们考虑了利润最大化问题：

$$\underset{x_1,\, x_2}{\text{Maximize}}\ pf(x_1,\ x_2) - w_1 x_1 - w_2 x_2$$

我们可以通过原始—对偶方法研究这个模型的比较静态特征。

设 $\pi^*(p,\ w_1,\ w_2)$ 表示价值(间接利润)函数。原始—对偶问题即为：

$$\underset{x_1,\, x_2,\, p,\, w_1,\, w_2}{\text{Maximize}}\ G(x_1,\ x_2,\ p,\ w_1,\ w_2) = pf(x_1,\ x_2) - w_1 x_1 - w_2 x_2 - \pi^*(p,\ w_1,\ w_2)$$

一阶必要条件为：

$$G_1 = pf_1(x_1, x_2) - w_1 = 0 \quad \#(3)$$

$$G_2 = pf_2(x_1, x_2) - w_2 = 0 \quad \#(4)$$

$$G_p = y - \pi_p^*(p, w_1, w_2) = 0 \quad \#(5)$$

$$G_{w_1} = -x_1 - \pi_{w_1}^*(p, w_1, w_2) = 0 \quad \#(6)$$

$$G_{w_2} = -x_2 - \pi_{w_2}^*(p, w_1, w_2) = 0 \quad \#(7)$$

我们观察到，式(3)和式(4)是通常的(原始)利润最大化条件。设(x_1^*, x_2^*)是式(3)和式(4)的解，并设$y^* = f(x_1^*, x_2^*)$。那么由式(5)、式(6)以及式(7)得到：

$$y^* = \pi_p^*(p, w_1, w_2)$$

$$-x_1^* = \pi_{w_1}^*(p, w_1, w_2)$$

以及

$$-x_2^* = \pi_{w_2}^*(p, w_1, w_2)$$

这就是这家两种要素投入企业的*霍特林引理*。

现在，正如前面阐释的那样，原始—对偶问题最大值的二阶条件包含了矩阵：

$$H = \begin{bmatrix} G_{pp} & G_{pw_1} & G_{pw_2} \\ G_{w_1 p} & G_{w_1 w_1} & G_{w_1 w_2} \\ G_{w_2 p} & G_{w_2 w_1} & G_{w_2 w_2} \end{bmatrix}$$

在式(3)至式(7)成立的点上为半负定。使用式(5)至式(7)，有：

$$G_{pp}=-\pi^*_{pp} \quad G_{pw_1}=-\pi^*_{pw_1} \quad G_{pw_2}=-\pi^*_{pw_2}$$

$$G_{w_1p}=-\pi^*_{w_1p} \quad G_{w_1w_1}=-\pi^*_{w_1w_1} \quad G_{w_1w_2}=-\pi^*_{w_1w_2}$$

$$G_{w_2p}=-\pi^*_{w_2p} \quad G_{w_2w_1}=-\pi^*_{w_2w_1} \quad G_{w_2w_2}=-\pi^*_{w_2w_2}$$

由于$-x_1^*=\pi^*_{w_1}$以及$-x_2^*=\pi^*_{w_2}$，我们有：

$$-\pi^*_{w_1p}=\frac{\partial x_1^*}{\partial p},\ -\pi^*_{w_1w_1}=\frac{\partial x_1^*}{\partial w_1},\ -\pi^*_{w_1w_2}=\frac{\partial x_1^*}{\partial w_2}$$

$$-\pi^*_{w_2p}=\frac{\partial x_2^*}{\partial p},\ -\pi^*_{w_2w_1}=\frac{\partial x_2^*}{\partial w_1},\ -\pi^*_{w_2w_2}=\frac{\partial x_2^*}{\partial w_2}$$

此外，因为$y^*=\pi^*_p$，我们有：

$$-\pi^*_{pp}=-\frac{\partial y^*}{\partial p},\ -\pi^*_{pw_1}=-\frac{\partial y^*}{\partial w_1},\ -\pi^*_{pw_2}=-\frac{\partial y^*}{\partial w_2}$$

因此，

$$H=\begin{bmatrix} \frac{-\partial y^*}{\partial p} & \frac{-\partial y^*}{\partial w_1} & \frac{-\partial y^*}{\partial w_2} \\ \frac{\partial x_1^*}{\partial p} & \frac{\partial x_1^*}{\partial w_1} & \frac{\partial x_1^*}{\partial w_2} \\ \frac{\partial x_2^*}{\partial p} & \frac{\partial x_2^*}{\partial w_1} & \frac{\partial x_2^*}{\partial w_2} \end{bmatrix}$$

由于H必须为半负定，我们知道，所有奇数阶主子式必须$\leqslant 0$，而所有的偶数阶主子式必须$\geqslant 0$。由于对角线元素是其自身的一阶主子式，我们观察到：

$$\frac{-\partial y^*}{\partial p}\leqslant 0,\ \frac{\partial x_1^*}{\partial w_1}\leqslant 0 \text{ 以及} \frac{\partial x_2^*}{\partial w_2}\leqslant 0,$$

也就是说，企业产出的供给曲线并非向下倾斜，投入需求曲线也并非向上倾斜。（事实上，假设利润最大化的二阶充分条件满足，上述不等式严格成立。因此，投入需求曲线向下倾斜，产出供给曲线向上倾斜。）

现在，回到 H 的主子式，删除行 3 和列 3，从而得到二阶主子式：

$$\begin{vmatrix} \frac{-\partial y^*}{\partial p} & \frac{-\partial y^*}{\partial w_1} \\ \frac{\partial x_1^*}{\partial p} & \frac{\partial x_1^*}{\partial w_1} \end{vmatrix}$$

由于其符号必然为$\geqslant 0$，因此：

$$\left(\frac{-\partial y^*}{\partial p}\right)\left(\frac{\partial x_1^*}{\partial w_1}\right) \geqslant \left(\frac{-\partial y^*}{\partial w_1}\right)\left(\frac{\partial x_1^*}{\partial p}\right)$$

这意味着“自身效应”超过了“交叉效应”。删除行 2 和列 2 同样得到：

$$\left(\frac{-\partial y^*}{\partial p}\right)\left(\frac{\partial x_2^*}{\partial w_2}\right) \geqslant \left(\frac{-\partial y^*}{\partial w_2}\right)\left(\frac{\partial x_2^*}{\partial p}\right)$$

删除行 1 和列 1 得到：

$$\left(\frac{\partial x_1^*}{\partial w_1}\right)\left(\frac{\partial x_2^*}{\partial w_2}\right) \geqslant \left(\frac{\partial x_1^*}{\partial w_2}\right)\left(\frac{\partial x_2^*}{\partial w_1}\right)$$

同样地，由于利润最大化的二阶充分条件，上式严格成立。

最后，根据杨氏定理，H 是对称的，因此：

$$\frac{-\partial y^*}{\partial w_1} = \frac{\partial x_1^*}{\partial p}, \quad \frac{-\partial y^*}{\partial w_2} = \frac{\partial x_2^*}{\partial p}$$

以及

$$\frac{\partial x_1^*}{\partial w_2}=\frac{\partial x_2^*}{\partial w_1}$$

这就是互易条件。

9.3　使用原始—对偶分析的有约束优化的比较静态

考虑有约束的最大化问题：

$\underset{x,\ y}{\text{Maximize}}\, f(x, y, a, b, c)$需满足 $g(x, y, a, b, c)=0$ 的约束条件，其中，f 和 g 为 C^2 函数。设 $L=f+\lambda g$ 代表拉格朗日函数，并设 $(x, y, \lambda)=(x^*, y^*, \lambda^*)$代表解。价值函数用 $V(a, b, c)$表示。

对于这个有约束的最大化问题，其原始—对偶表达式为：

$\underset{x,\ y,\ a,\ b,\ c}{\text{Maximize}}\, f(x, y, a, b, c)-V(a, b, c)$，需满足 $g(x, y, a, b, c)=0$ 的约束条件。

设 $L^*(x, y, a, b, c)=f(x, y, a, b, c)-V(a, b, c)+\lambda g(x, y, a, b, c)$。对于这个有约束的最大化问题，其一阶必要条件是：

$$L_x^*=f_x+\lambda g_x=0 \qquad \#(8)$$

$$L_y^*=f_y+\lambda g_y=0 \qquad \#(9)$$

$$L_a^*=f_a-V_a+\lambda g_a=0 \qquad \#(10)$$

$$L_b^*=f_b-V_b+\lambda g_b=0 \qquad \#(11)$$

$$L_c^*=f_c-V_c+\lambda g_c=0 \qquad \#(12)$$

$$L_{\lambda}^{*}=g(x, y, a, b, c)=0 \qquad \#(13)$$

这里，式(8)、式(9)以及式(13)是原始问题的一阶条件。式(10)、式(11)和式(12)表示了有约束问题的包络定理结论(在理论 8-2B 中证明了两个参数的情况)。

现在，设：

$$H=\begin{bmatrix} L_{aa}^{*} & L_{ab}^{*} & L_{ac}^{*} & g_{a} \\ L_{ba}^{*} & L_{bb}^{*} & L_{bc}^{*} & g_{b} \\ L_{ca}^{*} & L_{cb}^{*} & L_{cc}^{*} & g_{c} \\ g_{a} & g_{b} & g_{c} & 0 \end{bmatrix}$$

二阶条件现在包含了一些要求，即奇数阶 H 的保留边界的主子式$\leqslant 0$，而偶数阶 H 的保留边界的主子式$\geqslant 0$。正如在无约束的情况中那样，这些要求揭示了最大化问题假设的所有含义。

应用 9.2

假设在经济体中，有两个产业部门利用单一投入 x 生产产出 q_1 和 q_2，根据 C^2 生产函数 $q_1=q_1(x_1)$以及 $q_2=q_2(x_2)$，其中，x_1 代表产业 1 的投入数量，而 x_2 代表产业 2 的投入数量。总共有 x 单位的投入在产业间进行分配：$x_1+x_2=x$。产品的市场价格为 p_1 和 p_2。经济体的目标是最大化“国民产值”$NP=p_1q_1+p_2q_2$，并满足资源约束：

$$\underset{x_1,\ x_2}{\text{Maximize}}\ p_1q_1(x_1)+p_2q_2(x_2)$$

注意到，这里的参数为 p_1，p_2 以及 x。设 $NP^*(p_1, p_2, x)$表示价值(间接国民产值)函数，并且假设原始问题的二阶充分条件成立。

原始—对偶问题为：

$$\underset{x_1, x_2, p_1, p_2, x}{\text{Maximize}}\ p_1q_1(x_1)+p_2q_2(x_2)-NP^*(p_1, p_2, x)+\lambda(x-x_1-x_2)$$

正如在应用 9.1 中那样，一阶必要条件包含了原始问题的一阶必要条件以及

$$q_1-NP^*_{p_1}=0$$

$$q_2-NP^*_{p_2}=0$$

$$-NP^*_x+\lambda=0$$

二阶条件需要考察：

$$H=\begin{bmatrix}-NP^*_{p_1p_1} & -NP^*_{p_1p_2} & -NP^*_{p_1x} & 0\\ -NP^*_{p_2p_1} & -NP^*_{p_2p_2} & -NP^*_{p_2x} & 0\\ -NP^*_{xp_1} & -NP^*_{xp_2} & -NP^*_{xx} & 1\\ 0 & 0 & 1 & 0\end{bmatrix}$$

使用 * 来代表变量的解值。那么，使用一阶条件（包络定理结果），我们有：

$$H=\begin{bmatrix}\dfrac{-\partial q_1^*}{\partial p_1} & \dfrac{-\partial q_1^*}{\partial p_2} & \dfrac{-\partial q_1^*}{\partial x} & 0\\ \dfrac{-\partial q_2^*}{\partial p_1} & \dfrac{-\partial q_2^*}{\partial p_2} & \dfrac{-\partial q_2^*}{\partial x} & 0\\ \dfrac{-\partial \lambda^*}{\partial p_1} & \dfrac{-\partial \lambda^*}{\partial p_2} & \dfrac{-\partial \lambda^*}{\partial x} & 1\\ 0 & 0 & 1 & 0\end{bmatrix}$$

因此，互易结果为：

$$\frac{\partial q_1^*}{\partial p_2}=\frac{\partial q_2^*}{\partial p_1},\ \frac{\partial q_1^*}{\partial x}=\frac{\partial \lambda^*}{\partial p_1}\text{以及}\frac{\partial q_2^*}{\partial x}=\frac{\partial \lambda^*}{\partial p_2}。$$

通过对保留边界的主子式的考察，我们得到了进一步的结论。删除任意一行及其对应的列，得到一个保留边界的二阶主子式，其必须$\geqslant 0$。删除行 1 和列 1，得到：$\frac{\partial q_2^*}{\partial p_2}\geqslant 0$。同样地，删除行 2 和列 2，得到：$\frac{\partial q_1^*}{\partial p_1}\geqslant 0$。

通常来说，大家比较感兴趣的是拉格朗日乘数的解值及其比较静态特征。在这个模型中，λ^* 是 NP 最大值关于 x——可获得的投入总量变化的变化率。当这些产业部门处于完全竞争状态时，λ^* 是 x 的边际产出价值，即对投入 x 恰好应支付的费用。然而，需要注意的是，与 p_1 和 p_2 不同，λ^* 是一个*内生决定的*影子价格（或者说是“估算价值”）。换言之，λ^* 是作为模型解的一部分来进行确定，而不像 p_1 和 p_2，是作为参数出现在模型中。但是，仅仅基于最大化问题的假设，比较静态导数$\frac{\partial \lambda^*}{\partial p_1}$、$\frac{\partial \lambda^*}{\partial p_2}$和$\frac{\partial \lambda^*}{\partial x}$的符号是并不确定的。在练习 4 中，读者可以思考引入能够确定这些比较静态导数符号的其他条件。

注意：原始—对偶问题由萨缪尔森（Samuelson，1965）所提出，并由西尔伯贝（Silberberg，1974a，1974b，1978）完全发展起来。为简洁起见，我们在本章中省略了关于原始—对偶问题二阶条件的一些结论的证明。详情请查阅西尔伯贝（Silberberg，1974a，1974b）。

练 习

1. 请使用原始—对偶分析来得到第 8 章的问题 5 中利润函数 $\pi=p_1y_1+p_2y_2-wg(y_1, y_2)$的解。

2. 请使用原始—对偶分析来推导应用 8.3 中得到的成本函数的性质。

3. 假设一个消费者的效用函数为 $u(x, y)$，预算约束为 $px+y=M$。设(x^*, y^*)表示效用最大化问题的解。请证明最大化问题的假设意味着这两种替代品满足 $x_p^*+x^*\cdot x_M^*\leqslant 0$ 以及 $y_p^*+x^*\cdot y_M^*\geqslant 0$。

4. 在应用 9.2 中，仅仅基于最大化问题的假设，比较静态导数 $\frac{\partial\lambda^*}{\partial x}$的符号并不确定。

a. 请解释这个导数衡量了什么。

b. 哪些其他的假设可以引入这个问题，从而使这个比较静态导数的符号是确定的？你如何解释这些假设？

部分练习答案

第 4 章

4.2 练习：

1. $P^*=3\frac{2}{9}$，$Q^*=17\frac{5}{9}$

3. 提示：$b+d=0$ 意味着 $d=-b$。

4.5 练习：

1. 将后两个方程代入第一个方程，把所得到的方程视为变量 $\omega=Y^{1/2}$ 的二次方程。只有一个根 $\omega_1^*=11$ 是可接受的，它给出 $Y^*=121$ 和 $C^*=91$。而另一个根会导致负的 C^*。

2. (b)

$Y^*=(a-bd+I_0+G_0)/[1-b(1-t)]$，

$T^*=[d(1-b)+t(a+I_0+G_0)]/[1-b(1-t)]$，

$C^*=[a-bd+b(1-t)(I_0+G_0)]/[1-b(1-t)]$。

第 6 章

1. $P^*=\frac{M}{3}$，$x^*=\frac{2M}{3}$

4. $y^*=\frac{a-c-t}{2b}$，$p^*=\frac{a+c+t}{2}$

6. $y_1^* = \frac{p_1}{2w}$, $y_2^* = \frac{p_2}{2w}$, $x^* = \frac{p_1^2 + p_2^2}{4w^2}$

第 7 章

1. $\frac{\mathrm{d}C^*}{\mathrm{d}t} = \frac{-D'}{D' - S'} < 0$, $\frac{\mathrm{d}P^*}{\mathrm{d}t} = \frac{-S'}{D' - S'} > 0$

3. $\frac{\partial x^*}{\partial n} = \frac{-B'}{nB''}$, $\frac{\partial x^*}{\partial c} = \frac{1}{nB''}$

9. $\frac{\mathrm{d}y^*}{\mathrm{d}n} = \frac{y^*}{-n + D' \cdot MC'} < 0$, $\frac{\mathrm{d}Y^*}{\mathrm{d}n} = \frac{ny^*}{-n + D' \cdot MC'} + y^* > 0$

$\frac{\mathrm{d}p^*}{\mathrm{d}n} = MC' \cdot \frac{\mathrm{d}y^*}{\mathrm{d}n} < 0$

10. $\frac{\partial p^*}{\partial w} = \frac{AC_w}{1 - AC_y \cdot D_p} > 0$, $\frac{\partial p^*}{\partial M} = \frac{AC_y \cdot D_M}{1 - AC_y \cdot D_p} < 0$,

$\frac{\partial y^*}{\partial w} = D_p \cdot \frac{\partial p^*}{\partial w} < 0$, $\frac{\partial y^*}{\partial M} = \frac{D_M}{1 - AC_y \cdot D_p} > 0$

第 8 章

3. $C^* = \frac{T^2}{3}$, $MC^* = \frac{2T}{3}$, $\tilde{x}_1 = T - 4$, $\widetilde{MC} = 6(T-4) - 8$,相交于 $T = 6$

第 9 章

4. $\lambda^* = \frac{\Delta NP^*}{\Delta x}$; q''_1, $q''_2 < 0$(每个产业的回报均下降)意味着 $\frac{\partial \lambda^*}{\partial x} < 0$。

主要参考文献

[美]蒋中一、[加]凯尔文·温赖特著，刘学、顾佳峰译，数理经济学的基本方法(第 4 版)，北京大学出版社 2006 年版。

Bartle, R.G., *The Elements of Real Analysis*, Second Edition, Wiley, 1976.

Beattie, B.R. and C.R. Taylor, *The Economics of Production*, Krieger, 1993.

Chiang, A.C., *Fundamental Methods of Mathematical Economics*, Third Edition, McGraw-Hill, 1984.

Currier, Kevin M., *Comparative Statics Analysis in Economics*, World Scientific Publishing Co., 2000.

Hands, D.W., *Introductory Mathematical Economics*, Heath, 1991.

Henderson, J.M. and R.E. Quandt, *Microeconomic Theory: A Mathematical Approach*, Third Edition, McGraw-Hill, 1980.

Hicks, J.R., *Value and Capital*, Oxford: Clarendon Press, 1946.

Klein, M.W., *Mathematical Methods for* Economics, Addison-Wesley, 1998.

Samuelson, P.A. *Foundations of Economic Analysis*, Cambridge, MA: Harvard University Press, 1947.

Samuelson, P.A., "Using Full Duality to Show that Simultaneously Additive Direct and Indirect Utilities Implies Unitary Price Elasticity of Demand," *Econometrica*, 33, 1965:781—796.

Silberberg, E., "The Le Châtelier Principal as a Corollary to a Generalized Envelope Theorem," *Journal of Economic Theory*, 3, June 1971:146—155.

Silberberg, E., "A Revision of Comparative Statics Methodology in Economics, or How to Do Comparative Statics on the Back of an Envelope," *Journal of Economic Theory*, 7, February 1974:159—172.

Silberberg, E., "The Theory of the Firmin Long Run Equilibrium," *American Economic Review*, 64, September 1974:734—741.

Silberberg, E., *The Structure of Economics: A Mathematical Analysis*, Second Edition, McGraw-Hill, 1978.

Simon, C.P. and L. Blume, *Mathematics for Economists*, Norton, 1994.

Stiglitz, J.(ed.), *The Collected Scientific Papers of Paul A. Samuelson*, Cambridge, MA: The M.I.T. Press, 1966.

Sydsaeter, K. and P.J. Hammond, *Mathematics for Economic Analysis*, Prentice-Hall, 1995.

Varian, H.F., *Microeconomic Analysis*, Third Edition, Norton, 1992.

Viner, J., "Cost Curves and Supply Curves," *Zeitschrift fur Nationalokonomie*, 3, 1931, Reprinted int *AEA Readings in Price Theory*, Homewood, IL: Irwin, 1952.

图书在版编目(CIP)数据

经济模型中的比较静态分析 / 孙燕铭编著. -- 上海 ：上海人民出版社，2025. -- ISBN 978-7-208-19388-8

Ⅰ. F224.0

中国国家版本馆 CIP 数据核字第 20250ES833 号

责任编辑 马瑞瑞

封扉设计 人马艺术设计·储平

经济模型中的比较静态分析

孙燕铭 编著

出　　版 上海人民出版社

（201101　上海市闵行区号景路 159 弄 C 座）

发　　行 上海人民出版社发行中心

印　　刷 上海新华印刷有限公司

开　　本 890×1240　1/32

印　　张 5.75

插　　页 2

字　　数 118,000

版　　次 2025 年 5 月第 1 版

印　　次 2025 年 5 月第 1 次印刷

ISBN 978-7-208-19388-8/F·2909

定　　价 58.00 元